Inoue Shuichi
井上修一

施設ケアは
いかにして
家族を結びなおす
ことができるか

特養入居者家族が抱く
迷いと家族支援

生活書院

はじめに

親を施設に預けても全ての問題が解決するわけではない。安堵の一方、不安、葛藤、罪悪感等、特養入居者家族は複雑な感情を抱いている。しかし、そうした感情は、これまで十分に把握されてこなかった。

インタビューした家族の中に、脳梗塞で右半身にまひが残るご主人を預けている方がいた。この方は、面会に来る度に敷地内を車いすで散歩する。しかし、自宅に帰りたいと訴えるご主人にうまく応えられずに、面会に行くのをためらうようになった。一方、しばらく面会に行かないと職員に悪いという感情が生まれる。さらに、預けっぱなしの嫁という烙印を押されていないか不安になる。この女性は、ご主人の帰宅願望にうまく対応できずに悩んでいた。うまく関われず、面会が減ってきたことを、職員はどう思っているのだろうか。彼女は、ご主人や職員に対して、面会できずに申し訳ないという感情をもちながら、それを言えないでいた。

またある家族は、母親（実親）を預けた施設に面会に行くことが毎日の日課となっていた。彼女は、飲み込みやすいプリンを差し入れするのが自らの役割と捉えていた。毎日面会に行く理由は、親を施設に預けたという罪悪感や今までお世話になったことへの償いだという。その一方で、毎日面会に来られる余裕があれば自宅で介護できるのではないかと思われないか心配になっていた。しかし、嫁でありながら、実親への面会を繰り返すことに、負い目、罪悪感、遠慮など複雑な心境があり、誰にも胸の内を相談できずにいた。

またある家族は、要介護5の妹をお願いし、後悔しないように毎日面会に来ていた。この方の場合も、毎日面会に来ることを日課としながら、職員にとって負担になっているのではないかと悩んでいた。妹は、最近自分の言葉に反応しなくなってきた。前に比べたら大分体も弱ってきている。姉妹としてできることはやっておきたいという。この女性の場合も、妹と悔い無く関わりたいという願いとともに、頻繁な面会を職員に疎ましく思われるのではないかという不安を抱いていた。面会に来ることが、職員を監視しに来ていると思われないか、面会に訪れる自分に手がとられ、妹への援助に手が回らなくなるのではないかと不安になる。こうした不安は、面会に訪れることに迷いを生じさせていた。

本書では、こうした入居者家族が抱く苦悩や葛藤などの複雑な感情を包摂する概念として「迷い」を措定した。もっとも全ての入居者家族が迷いを抱えるとは考えにくいが、誰しも迷いの感情を抱く可能性がある。ただ、迷いは入居者家族が自認し、援助者も家族が迷いを抱えていると意識していたとしても表出されなければ認めにくい。家族は、援助者に希望を伝えることに関しても「自分だけがわがままを言っているのか」と思って控える。花瓶の花が枯れたままになっていたり、汚れた雑誌がいつまでも書棚においてあるのを見かける度、「手を出すと職員さんへのあてつけにならないか」と行動に移せない家族がいる（山下 2004：4-6）。こうした家族の姿は見えにくい。

調べてみると、迷いが発生する背景には、関わろうとする家族の意思があった。入居者家族は迷いながらも、入居者（身内）や援助者と関わろうとする。積極的に関わろうという意思があるからこそ、ゆらいだり、悩んだり、不安を感じることがある。

一方、入居者家族への批判として、医師に止められている飲食物を持参する家族、入居後はまったく施設に来なくなった家族、たまに来ては要介護者に言いたいことを一方的に話して帰る家族など、要介護者と家族、複数の家族間での意向の対立や食い違い、不仲な状況などさまざまな問題点も指摘される（河野 2004：24-5）。しかし、ヒューマン・サービスに関わる者は、常に人々の問題を解決することに努力するのであって、人々の無力、葛藤、あるいは機会の欠如などの責任を、その人々に負わせることに努めるのではない（Eriksen ＝ 1982：163）。むしろ、施設ケアにおいても、家族の良好な関係を維持したり、調整することに注目する必要がある。施設にいても、入居者と家族との相互作用がとぎれず、家族関係が入居者の心に安心感を与えるならば、入居者は家族のなかで老いていける。施設ケアは、家族を切り離すのではなく、家族の結びつきを強化する仕組みになりうる。本書ではその手がかりを迷いの把握とその緩和の支援のなかに求めた。

本書は、「迷いを抱える家族」を措定することで、入居者に関わろうとするために支援を必要とする家族を分析的に捉え、入居者（身内）と向きあうことに悩んでいる家族を支援する手がかりを得ることをめざした。研究のプロセスでは、「迷いを抱える家族」の姿を家族の言葉から明らかにするとともに、入居者や援助者との関わりのなかから、迷いの緩和に向けた家族支援（介入）の方法の提示を試みた。

本書調査によって、施設ケアに対して入居者家族も語りえない悩みを持っており、援助者もそれを感じながら同様に悩んでいることがわかった。我々が行ったグループインタビューによって、家族同士が悩みを語り合う機会を得たことで入居者家族と援助者のコミュニケーションが改善され、両者のパートナーシップが促進されると推察された。本書が両者の信頼関係を深め、入居者をともにささえる関係構築につながることを願っている。

最後に、それぞれの章について簡潔にまとめておく。

第1章では、これまで施設ケアにおいて入居者家族がどのように捉えられてきたか先行研究や家族調査を用いて述べていく。施設ケアのなかで家族はどのような「役割」を期待されてきたか。また、家族「役割」とは何か。「役割」、「規範」、「情緒」という概念を交えながら、「迷い」を抱える家族の姿に迫った。家族の迷いは、面会回数では測れない。むしろ面会を重ねる家族ほど抱えている悩みがあった。その点で、援助者と入居者家族の意識の相違があると考えられ、家族役割の不明確さが迷いを引き起こす可能性を持つ。

第2章では、入居者家族が抱く複雑な感情を「迷い」として位置づけながら、その内実について質問紙調査とグループインタビューによって明らかにした。家族が抱く「迷い」の姿としては、（1）

預けること、(2)面会にいくこと、(3)関わること、(4)変化を受け止めることに見られた。

第3章では、迷いを抱える家族の特徴を、意識や行動から紐解いた。家族は、本人に積極的に関わろうと思いながらも、施設に行っても何をしてよいかわからないでいた。

第4章では、入居者家族が抱く感情の中でも、特に「罪悪感」に焦点をあて、どのような場面で「罪悪感」を感じ、継続され、どのような支援があれば緩和される可能性があるか家族調査をもとに明らかにした。

第5章では、入居者家族が考える自らの「役割」(=役割意識)と援助者が期待する「役割」(=役割期待)、そして両者の考えのズレを、家族調査と援助者調査をもとに明らかにした。入居者家族が抱く「迷い」の背景には、積極的に関わりたいという意思がありながら、自らの関わりを抑制するような規範意識、他の入居者への遠慮、自らの役割をはかりかねる家族の姿があった。家族の年齢が上がるにつれ援助者に全て任せるという役割意識を持っていた。この結果から、年齢群ごとに役割意識が大きく異なることがわかった。このように、家族といえども性別、年齢、属性、同居、介護経験等によって役割意識に違いがあることがわかった。

第6章では、援助者を、生活相談員、介護職、看護職に分け、各職種が家族に期待する「役割」とその異同についてまとめた。その結果、職種によって、家族に対する役割期待が違うことがわかった。当然、職種によって家族と関わる場面、取り扱う事柄が違う。そのため、家族に期待する役割の規範的側面、サポート的側面、代替的側面に関して、考えが異なっていた。こうした知見から、専門職ごとに情報を共有する必要性とともに、誰が、どのような場面で家族を支援するか検討することにつながった。

第7章では、入居者家族に対する支援方法について、「迷い」の緩和要因とその手がかりとして、家族会のグループインタビューの前後で「不安」の緩和を測定しながら、入居者家族への支援方法を生活相談員、介護職、家族会の立場から提示した。

本書は、書き下ろしを含め、既発表論文を本書のテーマに即して配列し直し、加筆、修正を行ったため、元の論稿とは異なっている。巻末に初出一覧を付記する。

特養入居者家族が抱く迷いと家族支援

――施設ケアはいかにして家族を結びなおすことができるか

目次

第3章 迷いを抱える入居者家族の姿

第4章

入居者家族が抱く罪悪感

第5章

入居者家族と援助者が考える家族役割

第6章

入居者家族に対する職種間の役割期待の相違

第7章

入居者家族への支援方法

第1章

施設ケアにおける入居者家族

第1節　施設ケアは入居者家族をどのように捉えてきたか

入居者家族は、施設ケアの文脈のなかで、ケアに参加する関係性を通して理解されてきた（Kellet 1998：113-119）。いわば特別養護老人ホームにおける入居者家族は、施設ケアという営みのなかで、その存在意義を付与されてきた。具体的には、入居者家族は、（1）代弁者としての家族（峯田 2004：8-11）、（2）情報源としての家族（山下 2004：4-6）、（3）人的資源としての家族（坪山 1994：141-76）として捉えられてきた[1]。つまり、施設ケアにおいては、家族を援助協力者として位置づけてきた経緯があり、家族が抱える悩み、不安、葛藤等への対応は十分なされてこなかった。

援助者は家族を援助機能の観点から理解しようとし、その具体的な方法に関心を寄せる。種々の現実的制約の中でより充実したケアを考え、そのために協力者を最も身近にいる家族に求めるのは当然のことである。施設は入居者の背後にその人の家族を捉え、とりわけ自分の意志を表明できない、あるいは経済的に自立していない高齢者の場合、その家族が意志決定を左右する重要な存在として位置づけられてきた（笹谷 2001：100）。時にターミナルケアの場面においても、家族が重要なスタッフとして位置付けられた（時田 2004：11）。施設ケアにおいては、そのスタート時点に援助の対象者が存在するために、家族に関しても援助の延長線上で考えられ、援助役割をめぐる単線的な捉え方になってしまう（木下 1997：182）。

援助者は援助的観点から家族を捉えてきたが、入居者・援助者・家族の関係の中でみていくといくつかのバリエーションが見えてくる。ここでは先行研究のレビューを通じて、入居者家族を役割的視点、規範的視点、情緒的視点で整理する。

（1）役割的視点

本書では、誰の立場から捉えた役割かを意識している。それは、これまで入居者家族の立場で考える役割があまり見られなかったという反省による。

家族を支援者としての観点から理解しようとする背景には、必要性とともに家族に対する援助者からの役割期待があった。木下によれば、家族はお互いに助け合うものであり、特に家族の誰かが専門的援助を受ける状態になった時ほど助け合うべきで、専門的援助者に対して協力して当然という受けとめ方があるとしている（1997：183）。こうして〝支援者としての家族〟像が意識的あるいは無意識的に規範化されてきた。この点では、家族は施設ケアにおいて従属的な側面をもっていたといえる。

先行研究においても、施設ケアの中での役割遂行の議論に立ってきた。これまでの研究は、施設への訪問や面会のみに着目したものがほとんどとの指摘がある（杉澤 1993：48）。同時に、杉澤等の研究のように、入居者家族による援助（面会や訪問による情緒的サポート）の視点で研究がなされてきた。つまり、家族は施設ケアのなかで存在意義を付与され、家族役割の遂行を期待されてきた。

しかし、それだけでは、施設ケアに対する入居者家族の関わりの閉塞状況を解明することはできない。これまでは、施設における家族の関わりは、「入居前から続く入居者と家族との関係」（心理的距離）、「施設と自宅との距離」（地理的距離）の問題として捉えられていた。杉澤等は、先行研究のレビューから、①入所期間と②施設と家族の居住地との距離が施設への訪問頻度に影響を与えているとする共通点を指摘している（杉澤他 1993：48）。その訪問の先に期待するものは、家族が援助にいかに貢献できるかである。そこで顕在化するのは、援助者の期待する家族役割であり、その家族モデルから入居者家族を論じている。その結果が、援助者と入居者家族との連携の難しさや閉塞感、無力感となって現れている。つまり、施設ケアにおいて、援助者と家族の協力関係は大事であるが、家族理解としては極めて一面的で、一方的であった。そこには入居者に関わろうとして不安を抱えている家族や、迷いを抱えながら入居者を支える家族の姿が見えていない。

特養に身内を預けることに伴う罪悪感や葛藤の背後には、本人の不自由さと同時に、もう一人の当事者である家族が抱く無力感がある。特養に入った身内に対して、自分に何ができるか。どのように関わってよいかわからない。また確認するすべをもたない。こうした役割の周辺にある迷いが、入居者家族の迷いになっている。そこで、役割の視点を再検討することで、家族が抱く迷いが改善できるのではないかと考えた。

ここでの役割とは、ある立場にふさわしく振舞うように期待され、学習される行動様式をさす。本書で使う役割概念を整理したい。まず、役割意識とは、自らが考える役割であり、比較的表層的なものとして捉える。役割知覚という概念もあるが、本書では、役割意識として述べる。次に、役割期待とは、ある行為者に対して取ることがふさわしい、あるいは取るべき役割だと期待される行動様式とする。役割は、当然立場によって意味が異なってくる。本書の行為主体でいえば、援助者から入居者家族に期待する役割を、役割期待と捉えられる。さらに、ある状況や相互行為のなかで、自分の地位にふさわしい行動様式を学び取っていく過程のことを役割取得という。こうした役割取得を経て、行動化されたものが役割認知と捉えられるが、ここでの役割認知は、入居者家族が、最終的に援助者からの役割期待を自己の中に取り入れて行動化したものとして論じていく。

ところで、施設ケアにおける家族は、家族機能（役割を果たすこと）の外部化とあわせて捉えられてきた。森岡は、家族の福祉機能の専門機関への委譲を、その機能の〈遂行〉と〈責任〉という二つの側面に分けて検討すべきであるとした（森岡 1987：176-7）。森岡は、家族の機能のあり方をみると、すでに〈遂行〉も〈責任〉も家族から去ったものと、主要な遂行を専門機関に委ねたものの家族が補完部分の〈遂行〉と費用負担などのかたちで広範な〈責任〉を負っているものに区分されるとしている（1997：176-7）。では、施設ケアにおける入居者家族の役割をどのように捉えたらよいのだろうか。袖井は、家族機能の多くが外部化された今日、家族に残された最期の機能は、ケア機能だとする（袖井 2004：14）。一般にケアという言葉は、「面倒をみる」「世話をする」「介護する」と同様に使われるが、ケアには相手を「思いやる」「気遣う」「配慮する」という意味もある。前者をケアの手段的側面と呼び、後者をケアの情緒的側面と呼ぶとしたうえで、我が国ではもっぱらケアの手段的側面が強調されたとし、ケアの情緒的側面の重要性を述べている（袖井 2004：14）。同様に、広井は、これからの家族が最終的にどのような意味をもつ存在として残っていくのかについて明確な見通しをもっていないとしたうえで、一つ考えられるのは、老人の「経済的扶養」や「身体的扶養」等々、相対的に「外部化」しやすい領域が外に出ていって、これからの「家族」内関係は、いわば純粋に情緒的なレベルの関係に純化していくと述べる（広井 1997：150-1）。このように役割を期待された入居者家族は、誤解を恐れずに言えば、援助者にはできない情緒的なケア役割（補完的役割）を期待されるようになってくる。しかし、施設ケアにおいて家族にできることの一つが情緒的ケア（入居者の感情の安定を支えるもの）だとしても、それが援助者と家族のどのような相互理解のもとに規定され、行われているのかを明らかにしなければなるまい。

この〈遂行〉と〈責任〉が、介護の社会化のなかで家族を規定し、価値づけ、強化してきた。だからこそ、入居者家族の迷いの検討にあたっては、家族に期待されている情緒的サポート役割の検討

（情緒的視点）が重要になる[2]。同時に、家族が望む関わりが思うようにできているのか見定めるきっかけになるとともに、援助者が家族関係に介入する際の手がかりになる。

（2）情緒的視点

ここでいう「情緒」とは、喜び、悲しみ、不安、怒りのような心の動き（感情）に伴って、具体的な「行動」や「身体的な表出に発展する現象」を指す。特養入居者家族が、身内と面会する際に抱く感情はさまざまである。年老いた親の姿を見て涙し、帰宅願望を持つ親に憂い、罪悪感ややるせない気持ちでいる。こうした感情が、その後の行為に影響を与える。

入居者家族の情緒的側面の検討においては、家族が抱える感情に着目されてきた。家族は、施設への入居を長い間踏みとどまることができたが、身内の健康状態の悪化と自身の健康状態から選択の余地がなかったと感じる（Ryan 2000：1187-95）。そして、家族は入所のその瞬間まで納得と後悔の入り交じった感情、疑念が続く別離を経験する（Jacqueline=1988：209）。さらに家族の気持ちは複雑であり、「同居して共倒れするより良かった」と思っても、「これで全て良かった」と思えるほどには、割り切れない思いがある（徳永 1983：58）。その結果、家族介護者の多くが、身内を施設に預けることに対して葛藤を経験する（Ryan 2000：1187-95）。同様に、施設入居者後の家族が、罪悪感や喪失感、負い目等の複雑な感情を抱えていることが報告されている（Duncan 1994：235-44, 巻田 1992：97）。

Kellet は、一四家族へのインタビューを通してのナーシングホーム入居による家族介護者の思いを明らかにしている。家族は、入居にあたって①喪失を経験し、②無力化され、③罪悪感や悲しみそして救済される事を感じ、④挫折感を抱く、そして⑤無理矢理、否定的な選択をしなければならないと感じるという（Kellet 1999a：1474-81）。Ryan も、施設入居は家族介護者の疲労を取り除くことに寄与する一方、家族自身の情緒的不安が身内の入居後もずっと継続すると報告している（Ryan 2000：1187-95）。

これらの報告は、親族を施設に預けた家族が何らかの精神的不安を抱えていることを明らかにしている。さらに、精神的健康を害する家族がいることも報告されている（深掘 2005：399）。

先行研究においても、入居者家族の思いを、身内が入居するまでの経緯とその後の様子に触れて次のように報告している。

「二〇〇〇年四月のことでした、K（特別養護老人ホーム）に送っていく道すがら、母はこんなことをつぶやきました。『姥捨て山に捨てないで』。何とも言えない心の淋しさと切なさに涙が止まりませんでした。私が母を捨てるなんて……。母が、毎日を楽しく、そしていつまでも私たちと家族のために長生きをしてくれることを願って、施設にいれてもらおうと決心するまで、どれほど悩んだことか」（傍線は筆者：以下同じ）（南雲 2006：255-7）。

また他の家族は、

「母の身の回りの品をタンスに収め、部屋を整えているうちに、不覚にも私はどっと淋しさに襲われ、涙が止まらなくなりました。本当にこれでよかったのだろうか……。不安の中にいる母親を励まさなくてはいけないのに、自問自答を繰り返している私は言葉少なくなり、ただただ細くなっていく母の手をさすっているだけでした。けれども、ここが新しい母の家なのです。明日から新しい生活が始まるのです。」（相澤 2006：251-5）。

このように入居に対する苦悩や葛藤が、入居後の面会の仕方、入居者とのかかわり方、身内の変化の受けとめ方に影響与えていく。入居者の情緒的安定を支える役割を期待されながらも、自らも精神的サポートを必要としていることが先行研究から窺える。

（3）規範的視点

入居者家族が身内を施設に預けることの背景には、個々の家族が抱く規範意識が存在する。ここでいう規範とは、ある特定の集団や組織の中で、その成員が自己あるいは他者の行為に関して、何をなすべきか、あるいは逆に何をしてはならないかについて共有する意識や行為基準を意味する。

特養の入居者家族が、個人としてどのような規範を行為の準拠として内面化しているのか。そして、具体的な行動として自らを拘束しているのかに知る必要がある。施設入居にあたっては、特別養護老人ホーム申請時に家族の多くが「死」まで考えるという極限の思いを抱いていることが報告されている（石垣 2000：121-122）。そして、多くの家族はこれらのニーズをどのように表現したらよいかわからないでいる（Cox=1997：272-3）。

このような家族のニーズ（迷いを含んだもの）は多分に不可視的であるために、入居者と家族の関係の問題は家族員の内部（個人的）問題に還元されがちである。例えば、家族に精神的ケアを期待するゆえ、面会が少なく寂しい（と思われる）高齢者がいるとそれは家族の責任と考えてしまうことになる（笹谷 2001：102-3）。面会に来ないことが家族関係でのみ論じられれば、家族員の問題として完結することになる。しかし、入居者家族が一見可能でありながら必要な機能を果たせないでいる背景には、なんらかの理由があるはずであり、また、個々の家族員にしても援助者としてだけで生活するわけにいかない現実がある（木下 1997：183-4）。家族が抱く迷いの把握を前提とした視点に立てば、今現在面会に来られないのはどのような迷いによるものなのか、さらには、家族が抱く迷いを解消したり、緩和するにはどのような介入の仕方や環境の整備が必要なのか、という発想が可能になる。

「家族の心理としては介護疲れから解放されほっとすると同時に、最後まで介護してあげられなかったという後悔の念がある。嫁が介護にあたっていた場合などは、他の家族への気遣いもある。全部家族が了解のうえで入居したのなら問題はないだろうが、家族のなかでだれか一人でも入居に反対する人がいたならば、どうして親を施設に入れたのかという批判を受ける。今まで世話をしていた家族の介護はなかなか正当に評価されない。また、入居してからも、高齢者がきちんと世話を受けているかという心配がある。自分の生活をなげうって在宅介護を行ってきた家族ほど、入居後の高齢者の介護の様子について心配する。自分がやってきたようにきちんと世話をしてくれるのだろうか、自分がいないことで不自由な思いをしていないだろうかなど、思いを巡らせる」（水上 1997：148）。

施設を利用するにあたっては、施設を利用せざるを得ない、あるいは施設を利用するしかない事情が個々の入居者にあり、入居者が施設利用にいたるまでには、何らかの家族の葛藤や関係の困難が存在している場合も少なくない（稲垣 2001：55）。多くの入居者が主体的に施設利用を決定したわけではない。入居者が施設に入所するに至った経緯は少なからず、家族との葛藤を経験している場合が多い（稲垣 2001：61, Logue 2003：24-31, 井上 2003：139-144）。このように家族は、規範意識とケアの現実の狭間で葛藤する。

先行研究においても、入居者家族が抱く規範意識に触れ、次のように述べられている。

「穏やかになっていく義母に、K（特別養護老人ホーム）職員の皆さんの介護の姿勢をみる思いで、言葉に尽くせない『ありがとう』の気持ちを重ねていきました。在宅介護をやり通せなかったことは私の心に小さな傷を残していますが、今、義母の一周忌を前にして、わずかな時間ですが、ボランティア活動に加わろうかと思い立ちました。」（中山 2006：255-256）。

認知症のある老人が家族の理解と援助を必要としているのと同じように、家族の側もまた施設の理解と支援を必要としている（Jacqueline=1988：196-97）。家族支援の切り口の一つが、家族が抱く規範的視点の把握と適切な介入と考えられる。

以上のように、先行研究を分析した結果、入居者家族が役割的視点、規範的視点、情緒的視点で把握できた。この視点は、家族支援における重要な手がかりになるとともに、家族の姿を現している。次に、役割的視点に焦点を当てて入居者家族を捉えてみたい。

第2節　役割的視点から捉えた入居者家族

先行研究から、入居者家族を、役割的視点、規範的視点、情緒的視点で分析できることがわかった。そのなかでも役割的視点においては、入居者や援助者との関わりのなかで様々な役割遂行を期待された家族が論じられていた。ここでは、施設ケアのなかで、特に入居者や援助者との関係のなかで論じられてきた家族の役割的視点について明らかにするため、G県で行った特別養護老人ホームの入居者家族調査を手がかりに家族の姿を整理する。

性別による役割意識の違いを分析した結果、違いが見られた（F（1,285）=4.140 ,p<.05）。男性は、家族の役割として「面会によって入居者の情緒的安定を図ることができる」（情緒的サポート意識）が高い反面（F（1,288）=5.097 ,p<.05）、援助者が家族の役割を代替できるという依存的意識も高いことがわかった。

属性による役割意識の違いを分析したところ、特徴が見られた。分析の結果、子は、直接的に関わってみたいという意識が高く（F（4,278）=3.261 ,p<.05）、配偶者は、情緒的サポート役割意識が高いことがわかった（F（4,285）=2.815,p<.05）。

施設と家族が住む家との距離（地理的距離）による役割意識の違いについても特徴が見られた。施設まで歩いていけるところに住んでいる人ほど、施設に行っても何をしてよいかわからないと回答する割合が高いことがわかった（F（4,291）=2.868,p<.05）。施設まで歩いていける人の平均来所回数は、月四・六回で、全体の平均三・一回を大きく上回る。

来所回数の分析からわかったことは、頻繁に来所しているにもかかわらず、自らの役割について確信が持てずにいる家族の存在である。施設を頻繁に訪れるからといって自らの役割を明確に意識しているわけではないことがわかった。家族支援の視点に立てば、施設を訪れることが援助者によって評価されるのではなく、そこで何をするかが家族自身にとって大事となる。その点で、援助者と入居者家族の意識の相違があると考えられ、家族役割の不明確さが迷いを引き起こす可能性がある。

次に、年齢ごとによる役割意識の違いを分析した。その結果、年齢による違いが見られた。年齢区分を便宜的に四五歳までと、四六歳から六〇歳まで、六一歳以上に分けた。その年齢区分と役割意識とを比較した結果、年齢が低い群の方が直接的な役割を志向していたのに対し、年齢が高い群の者ほど「援助者が家族の役割を代替できる」という依存的な役割意識を持っていることがわかった。この結果から、年齢群ごとに役割意識が大きく異なることがわかった。

まとめると、家族役割は六つの役割群（直接的関与役割、補助的関与役割、間接的関与役割、役割不明確、情緒的サポート役割、依存）で捉えることができる。さらに役割意識においても、「もっと関わりたいと考える」（直接的な役割を志向する）者は、入居者にとって「子」にあたる者で、比較的年齢が低い（四五歳以下）者にその傾向が見られた。逆に、「職員が家族の役割を代替できると考える」（依存的傾向が見られた）者は、男性で、比較的年齢層が高い群（六一歳以上）にその傾向が見られた。

家族役割の不明確さにおいては、比較的施設の近隣に居住しており（歩いて来られる者）、来所回数が平均を上回っている者にその傾向がみられた。これらの傾向から、来所回数と家族役割意識の明確さが必ずしも比例しないことがわかった。家族支援においては、役割的視点から入居者家族を捉えることの重要性が明らかになるとともに、それぞれの役割群に属する者の意向を踏まえたうえで、適切な関わりが求められる。

第3節　支援を必要とする入居者家族の意識

家族とは所与のものとしてではなく、人々の相互作用を通じて創り出されるもの（Gubrium=1997：333）と捉えるなら、施設ケアにおける家族も、どのような相互作用のもとで捉えられ、位置づけられてきたかを述べることができよう。これまでも述べたように、特別養護老人ホームにおける入居者家族は、施設ケアという営みのなかでその存在意義を付与されてきた。しかし、援助者が期待する役割に対して、入居者家族が自らの役割をどのように捉えているかは、議論されてこなかった。入居者家族にとって、自分が望むように入居者（身内）に関わりたいと願うのは当然である。さまざまな状況に置かれた入居者に対して、家族が思いを馳せることができるように環境を整えることが必要だ。

家族の悩み、願いを見ずして、援助役割を期待することは、時に家族を迷わせる。施設ケアにおける家族役割を、家族、援助者、そして両者の相違を確かめながら、そして、家族が抱く迷いとの関連をみることで、入居者との向き合える支援につながる。施設入居後の家族のニーズは、「家族の葛藤やコミュニケーション不足の調整」、「好結果な訪問になるような援助」等が指摘されている（Cox=1997：272-3）。Pillemer は、入居者家族が抱く葛藤は、援助者とのコミュニケーション不足の結果と指摘する（Pillemer 1998：500）。入居者家族と援助者のコミュニケーション不全が入居者家族の迷いの背景にあるとしたら、迷いを抱える家族はさらに潜在化するだろう。特に面会を重ねながら自らの役割に対して確信がもてないでいる家族については、面会の多寡だけでなく、家族自身が抱く不安を把握することがなければ、面会の多い家族は、表面上、模範的な家族に写ってしまう。支援を必要とする家族を、「迷いを抱える家族」（迷いを抱えながら意思表出を控える家族）と捉えるならば、迷いの把握、意思表出を控える家族の傾向、家族役割における家族と援助者の意識のずれの把握が論点となる。

実際の家族支援の状況と家族の置かれた状態から明らかになるのは、精神的不安を抱えながら入居者を支える家族の姿である。多くの施設で家族に対して行われる家族支援は、家族会の開催、行事への参加、家庭訪問、面会時の面接等である（稲垣 2001：64）。介護保険制度では、援助者が入居者や家族と話をするということは、介護報酬として評価されない。その結果、介護保険制度が家族支援の視点を崩壊させたという指摘もある（新井 2006：40-57）。介護保険制度の導入によって、施設ケアにおける家族支援という視点はますます希薄になってきている。在宅ケアにおいては「家族にできないこと」を施設が支えていたのが、入所をきっかけに「施設にできないこと」を家族が支えるようになっていく。それは、身内を支える主体であった家族が、施設ケアによって客体化していくプロセスといえよう。入居者家族が施設ケアにおいて客体化する過程で「迷い」（苦悩や葛藤を含む精神的に不安定な状態）を抱え、それを解消できずにいることは、さらに迷いの感情が継続することにつながる。高齢期における施設ケアが一般化しつつある一方で、施設ケアが入居者と家族の関係を維持しながら、いかに家族関係の中で老いることを支援できるか問われる。

歴史的にも、家族を〈遂行〉と〈責任〉という枠組みで議論することは、現場サイドに対しても少なからず影響を与えてきた。一九九〇年に開催された神奈川県老人ホーム協会指導員部会の研修で、参加者たちが「施設は家族に対して積極的に働きかけて、家族に協力をしてもらいながら処遇をすすめていこう」という考えと「お年寄りと家族とのきずなは大切だけれども、基本的には老人ホームの処遇に家族を取り込んでいくべきではない」という相反する考えに悩んでいた（神奈川県指導員研究部会 1991：24-47）。

こうした議論から、援助者が家族に介入することへの困惑と、入居者を支えるために家族といかに関係づくりをしていくか苦慮していることが窺える。家族とスタッフとの信頼関係を築くためには、面会に来る家族に何をどのように伝えていけばいいのかを理解することが重要であるが、多くの場合対応する援助者の認識不足と自覚が不十分であるため、家族ケアがうまくいかないとの指摘もあった（安永 2003：88）。

そのため、援助者が入居者家族にどのような役割〈遂行〉を期待し、どのような〈責任〉を果たすことを期待するか（役割期待）を明らかにする必要がある。さらに入居者家族側にとっても、施設ケアにおいて自らの役割をどのように捉え、〈遂行〉する〈責任〉があると考えるのか（役割意識）を把握する必要がある。入居者家族においては、それぞれが考える役割意識が規範意識（ある一定の家族モデル）として結実すると考えられる。そう考えると、入居者家族が抱く役割意識が、規範意識を形成し、迷いに結びついていると想定できる。

家族が抱える迷いの把握と緩和がなされないまま、入居者家族になんらかの役割〈遂行〉と〈責任〉を期待することは、これまでと同じ構造を再生産し、迷いを抱えた家族を放置することになりかねない。さらに、現状のように家族を入居者支援上の資源として施設ケアが設計されれば、家族が抱く迷いは、施設ケアを支える動機付けとして働き、同時に、施設ケアの不十分さを一家族の問題へと矮小化してしまうおそれがある。

家族が抱える迷いの把握や解消は、施設運営に家族を動員しやすくする（客体化する）こと、介護者だけの都合で身内を預けやすくすることではない。迷いの緩和や解消の先には、施設ケアにおいて入居者と家族がより良く向き合え、良好な関係を主体的に維持できることをめざす。

家族を構成する一人ひとりにとって、家族はどのような意味を持ち、生きる力の源泉になるのか。身内を施設に預けたことや預けた身内に関わることに対して葛藤、不安、罪悪感を持つ入居者家族を「迷いを抱える家族」と表現するならば、その人達に施設はどのように向き合うことができるのか。次に、家族支援を視野に入れながらさらに入居者家族が抱く迷いについて検討を進めていく。

■注

1 坪山は、「家族は、老人ホームにとって大切な資源」であると述べる（1994：144-5）。この主張は、施設ケアにおいて家族がどのように位置付いてきたかを端的に表す。施設ケアにおいては、家族に対して面会に来るようにさまざまな働きかけをしたり、入居者の気持ちを代弁して家族に伝えることの必要性が指摘され、家族の協力のもと援助の主体が施設に移譲してきたプロセスが窺える。

2　苦情解決責任者・受付担当者に対して、家族・家族会に期待する役割（自由記述）を尋ねたところ、①入居者の精神的フォロー（七施設）、②入居者の代弁者（五施設）、③職員との信頼関係づくり（四施設）、④サービス向上のための指摘（四施設）、⑤行事・運営等への参加（四施設）、⑥家族同士の助け合い（一施設）、その他という結果で、家族同士のささえあいへの期待は高くなかった。この結果から家族会が「入居者のサポート」を中心として位置づけられていると理解できる（井上 2004：13-5）。

第2章

入居者家族が抱く迷い

第1節　入居者家族が抱く迷いへの着目

自分の身内を施設に預けることは介護者にとって自身の疲労感や介護状況から解放されることを意味する一方、入居者家族は、身内を施設に預けたことに対し、苦悩や葛藤や罪悪感を抱くことがある（Kellet 1999a：1474-81, Ryan 2000b：1187-95, Logue 2003：24-31）。これまでの報告においても、入居できたこと自体に満足しながら（宮本 2003：17）、入居者家族が「悲しみ」「不安」「良心の呵責」の感情を抱いていることが指摘されている（Abrahamsson ＝2006：139-44）。Abrahamsson は、入居者家族が「悲しみ」「不安」「良心の呵責」の感情を抱いている状態をＳＯＳシンドローム（ＳＯＳ症候群）として捉え、家族の感情を表した（Abrahamsson ＝2006：139-44）[1]。

こうした高齢者施設の入居者家族を援助対象とした研究では、家族の罪悪感、羞恥心、挫折感など、精神的健康を害している人の存在が報告されている（深掘 2005：399, 杉澤 1992：10）。

杉澤らの報告でも、入居老人をかかえることに対して、罪悪感、羞恥心、挫折感など、なんらかの精神的な負担を感じているという家族は全体の約四割であると指摘されている（杉澤 1992：10）[2]。深掘の報告では、施設高齢者の家族介護者に精神的健康を害している人が存在することが示され、支援の必要性が述べられている（深掘 2005：399）。

しかし、要介護老人が施設に入居した後、家族が抱える苦悩や葛藤等の問題については十分議論されてきたとは言えない。さらに、どのような場面でどのような苦悩や葛藤を抱いているか、さらにどのような機会があれば苦悩や葛藤が緩和されると推察できるのかというまとまった研究はみられない。

在宅介護者の不安を軽減する方策として社会資源の活用（その一つとしての施設入居）がある。しかし、施設入居後も、家族の不安や葛藤が継続することがある。自分の身内を施設に預けることは、介護者にとっては自身の疲労感や介護状況から解放されることを意味する一方で、精神的な不安が入居後も続くとされる（Duncan 1994：235-44, Ryan 2000：1187-95, 巻田 1992：97, 杉澤 1992：10）。

施設入居によって家族は経済的な支援だけでなく、入居者の情緒的なサポート、行事へ参加、入居者の情報提供などさまざまな役割が期待されていく。このような役割は、家族から派生したものではなく、援助関係において期待されてきた家族役割である。つまり、これまでは援助関係において価値を付与されてきた家族像があり、家族は支援の対象ではなかった。しかし、施設ケアと無縁ではないところで、苦悩や葛藤を含む精神的に不安定な状態にある家族の存在が明らかになっている。

いわば、入居者家族は施設ケアにおいて「迷い」(苦悩や葛藤を含む精神的に不安定な状態)を抱え、その「迷い」の把握や解消、緩和が十分に行われてこなかった。

これまで家族の声は、家族を取り巻く関係の外にいる第三者からの働きかけをとおして明らかになってきている。特に、家族の苦情が施設にとって有益な情報となるという側面をあげることができる。家族からの苦情をサービス改善に生かすという一義的な理由が苦情解決制度の存在理由である。つまり、苦情がサービス改善に対してどれだけ貢献できるかが、発言の有意味性として評価されている。

もっとも入居者の代弁者としての家族の声は、苦情や要望としてあげられ、その研究はある一定の蓄積がなされている(例えば、東京都国民保険団体連合会等)。しかし、それはあくまでも入居者の代弁やサービス改善を意図しており、家族の悩みや葛藤を全て表したものではない。さらに、「苦情表明行動」は自分以外の者に対する行動の変容を求めるものであるのに対し、「苦悩」や「葛藤」等の複雑な感情は自らの行動を抑制するものと言える。その点で表面化しにくい側面を持つ。

加えて多くの家族は、自身が抱く葛藤、面会の仕方、入居者(身内)が身体的および精神的に衰えていくことを受けとめきれないこと等、これらのニーズをどのように表現したらよいかわからないでいたり、あるいは自分たちもこれらのニーズに対処していくに当たって援助を受けることを知らないでいたりする(Cox=1997:272-3)。同時に、入居者家族の声は在宅ケアにおける家族介護者の声(例えば、認知症の人と家族の会など）と比べ、表面化しにくい。家族の声が取り上げられたものも、援助者や第三者が代弁したものが大半である（本間 2000：70-2, 山下 2004：4-6, 峯田 2004：8-11）。その点で、入居者家族の施設ケアに対する意識を検討する必要がある。

ここでは、言いたいことがあるにもかかわらず言えていない家族を「語り得ない主体」として位置づけ、その家族像を、入居者家族のパーソナリティ特性に求めることを越えて、入居者家族の意識（規範意識や家族役割意識等）、さらには援助者と入居者家族の意識の相違から明らかにしたい。この作業によって、迷いを抱えながら意思表出を抑制する家族の傾向が明らかになり、ある段階で汲み取れなかった声をその後受けとめることができるようになると考える。汲み取れなかった声をさらに無視し続けることは、当然、同じ構造を再生産し、迷いを抱えた家族を放置することになりかねない。

これまでの研究から、入居者家族は、自分の身内を施設に預けたことによって苦悩や葛藤等を抱え、その感情を表現する機会が少なく、あったとしても不十分であるということが指摘されている（Logue 2003：24-31）。さらに、面会などを通してそれらの感情が全て解消されるわけではなく、継続される場合があること（Ryan 2000b：1187-95）。苦悩や葛藤等の感情が継続される背景には、その感情自体を家族が表出し捉える機会が乏しいこと、それらの感情を緩和する取り組みが意識的に行われていないことが窺える。

ここでは、身内を施設に預けたことに伴って家族はどのような迷いを抱えるかを明らかにし、迷いを分析しながら、迷いの緩和に結びつく支援方法の提示を試みる。

（1）迷いの定義

ここでは、入居者家族が抱く「迷い」を次のように定義する。

入居者家族の迷いとは、「身内の施設入居に伴い、入居者家族が、入居者・援助者・他の入居者・他の親族との関わりのなかで抱く両義的な感情で、規範意識・役割意識・情緒的な感情によって派生するもの」。具体的には、家族自身が考える規範意識によって、身内を施設に預けたことへの葛藤・後ろめたさ・罪悪感・自責の念等を感じ、援助者に対する意思表出を抑制することがある（規範意識）。さらに、自らの役割に確信が持てなかったり、入居者への適切な関わり方がわからなかったり、援助者への遠慮、他の入居者への遠慮などから面会に行くことを躊躇することがある（役割意識）。そして、面会に行ったとしても、入居者（身内）の身体的・精神的変化に対する悲しさと戸惑いを覚えながら自問自答している状態を含むもの（情緒的感情）として捉える。

ここでは、「迷い」というタームを使うことによって、家族が抱える葛藤、不安、悩み、自責の念、罪悪感等の複雑な感情を、入居者（身内）や援助者との一連の相互行為の中で包括的に捉え、支援に結び付けることができると考える。

迷いを主題にした研究においては、（戈木 2001：152-68，松岡他 2004：165-74，森 1999：23-6，椎名 2005：672-78）等の報告が散見される。これらの論文は、小児がん専門医と両親が治療を決定する際の「効果」と「リスク」を軸とする迷い（戈木 2001：152-68）であったり、精神障害者の家族が心理教室に参加する際の「期待」や「不安」や「否定的な気持ち」に関する迷い（松岡他 2004：165-74）であったり、知覚障害者が日常生活のなかでの適切な情報を得られないために迷うこと（間違いややり直すことによるとまどい）である等、医療、保健、心理、工学分野での研究が多い。それぞれ迷いの発生や緩和を標榜している点で共通しているが、迷いの捉え方は様々である。本研究では、入居者家族が抱く「迷い」を、彼らの「規範意識」や「役割」や「情緒的な感情」との関係で説明することとする。迷いの背景にある役割は、施設ケアの関係性のなかで成立する概念である。そのため、家族が抱く役割認知と援助者が期待する役割期待とは区別して論じる必要がある。

ここでの迷いは、入居者や援助者との相互関係のなかで派生する感情やそれに伴う行動に限定する。つまり、制度改正、家族の収入、施設と離れた所に暮らしていること、利便性等に関わるような直接的な関わりの周辺的事象は検討しない。その点で、援助者が把握し介入が可能な迷いの姿に焦点を当てて論じる。

さらに、身内を施設に預けたことに対する葛藤・後ろめたさ・罪悪感・自責の念等を感じ、現状に確信を持てないでいる家族を「迷いを抱える家族」として論じていく。

入居者家族については「親族のなかで、同居・別居に関係なく、面会等を通じて入居者との関わりを持っている者」と捉え、入居者と定期的に関わりを持っている家族に注目する。調査においては、身元引受人に対して入居者に最も関わっている方に回答することを依頼した。

本書では、家族を「価値観を共有し、互いに支援し、励まし合い、ときには厳しい現実を共有し、決断する集団」として捉える。特養入居者の身元引受人は、単身高齢者の増加に伴い、後見人が担う場合も増えてきたが、親族等の割合が高い（公益社団法人成年後見センター・リーガルサポート 2014：8）。身元引受人の役割としては、ケアプランや医療行為の同意等多岐にわたっている。施設入居者にとっては、身元引受人として何らかの親族が存在し、その親族との関わりを通じて施設ケアが成り立っているといっても過言ではない。

本書では、入居者に関わりを持つ家族に焦点をあて、その家族が担う役割と迷いについて検討する。本文中の表記としては、入居者家族を「入居者家族」または「家族」として表記し、その家族と関わりのある入居者を「入居者（身内）」「身内」と表記する。

(2) 迷いのタイプ

身内を施設にお願いすることの背景に注目すると、家庭内における介護の限界、介護者の孤立と周りの無理解、家族の疲弊、戸惑いから、入居者家族も助けを必要とすることがある。こうした入居者家族の中には、身内を施設にお願いすることの前後で、家庭内や親類、親戚間で絶交・絶縁・離婚や自殺を考えたケースも報告されている（井上 2003：140）。親族間でのトラブルでは、在宅において家族（サービスを利用しながら）が本人の面倒をみるべきだという規範意識があると推察できる。こうした規範意識は、施設入居後に解消されるとは限らない。むしろ、入居後も身内との面会を密にすることによって、世間体を保ったり、施設に預けたことを償ったりしているという意識を持っている家族がいる。そのため、規範意識からくる複雑な感情（迷い）を抱え、それを吐露できずにいる家族の存在が想定できる。これまでは、入居者家族はいわゆる「お世話になっている」といった申し訳なさや遠慮して言いたいことが言えないものだという常套句で捉えられてきた。しかし、家族の苦悩や葛藤を把握しながら無視することは、身内を預けた家族にとっても施設ケアが機能しきれていないことを表している。ここでは、家族が自らの規範意識に起因する迷いがあると措定する。この迷いを規範意識からくる迷いと捉える。

また施設ケアにおいて家族は、援助者から役割遂行を期待された存在である。援助者は家族に入居者の情緒的ケアを期待する。しかし、家族は高齢者のケアの様々な局面に関わるが、施設での家族役割は明確ではない（Janzen 2001：36-43）。それは、ケアに家族を巻き込むことが重要であるという一般に認識された考えにもかかわらず、家族は部外者として扱われ、家族と援助者のコミュニケーションに改善の余地（頻繁に情報交換する必要）があることに起因するためとされる（Finnema 2001：728-40）。このような援助役割を担う過程で入居者家族は施設ケアに迷いを抱くと考えられる。そこで、援助者との関わりのなかでも迷いが発生すると捉える。ここでは、役割意識からくる迷いと捉えたい。

もっとも、入居者家族が施設ケアの状況を理解したり意見を言える状況をつくるために意図的な場面設定がなされてきたことも事実である。我が国においては、例えば左記のような場面があげられる。

①家族の行事参加推進（納涼会、運動会、敬老祝賀会、バス旅行、花見会など）
②盆、正月の外泊、外出など
③入居者から家族への　書簡など
④電話やＦＡＸでの近況報告など
⑤家族持参のお菓子を他の入居者とともに食べる場づくりなど
⑥面会の際の家族との散策など

これらの意図的な場面設定を通して入居者家族への支援が実施されてきた。しかし、行事や面会を通じた関わりだけでは捉えきれない家族がいる。例えば、身内を施設にお願いしたことに対して罪悪感を抱き、面会に行くことを躊躇している家族がいる。

苦悩や葛藤を抱え、意思表出を抑制し、身内への関わりを控える家族がいるなら、施設ケアは入居者や家族の双方にとっても悲劇である。家族の気持ちは複雑であり、入居に関して「これで全て良かった」と思えるほどには、割り切れない思いがある。このように入居者や援助者等との関わりのなかで生じる様々な感情に起因し、行動につながる迷いを情緒的感情からくる迷いと捉える。

(3) 入居者家族が抱く迷いの布置

入居者家族が抱く苦悩や葛藤は、家族の中だけでは解決できない。入居者や援助者、他の入居者家族との関わりを通じてはじめて何らかの解決の糸口が見えてくる。

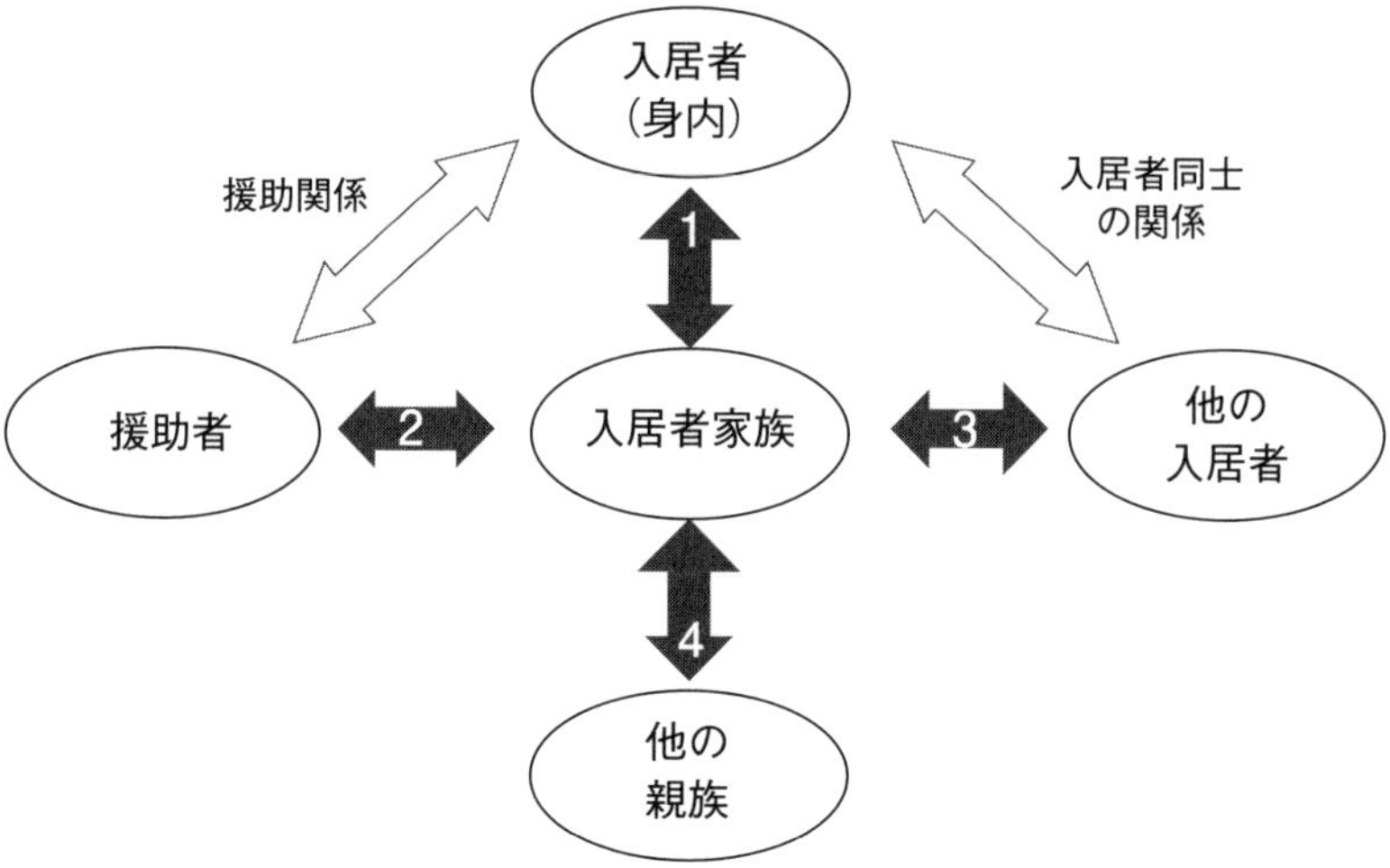

図 2-1　入居者家族が抱く迷いの布置

入居者家族が抱く迷いがどこで発生するかは、図２‐１のそれぞれの要因と接点において発生すると考えられる。前述した①規範意識からくる迷いは、入居者家族が自らの行動を入居者（身内）や援助者との関わりのなかで抑制すると推察されるため図２‐１の１と２の局面で発生すると考えられる。②役割意識からくる迷いは、入居者家族が入居者（身内）や援助者との関わりのなかで家族役割の遂行に伴って派生すると推察されるため、図２‐１の１・２の局面で発生すると考えられる。③情緒的感情からくる迷いに関しては、入居者（身内）や援助者、そして他の入居者や他の親族との関わりのなかで生じるさまざまな感情に起因する迷いと捉えるため、図２‐１の１・２・３・４で発生すると考えられる。

迷いの緩和にあたっては、図２‐１のそれぞれの局面での効果的な介入が不可欠と考える。入居者家族の支援においては、「当事者を支える家族」という協力者としての視点だけでなく、家族自身が抱える「罪悪感」、「関わりへの不安」、「身内の変化を受け止めることの難しさ」などの感情が、どの局面で発生しているかを見極めることから始めなければならない。

(4) 迷いのタイプとアプローチ

本書では迷いの緩和や解消の先に施設ケアにおいて入居者と家族がより良く向き合え、良好な関係を主体的に維持できることをめざしている。入居者と家族がより良い関係を維持していくためには、(1) 家族が抱く迷いの把握、(2) 迷いがどのような背景のなかで起こっているか、施設ケアのなかでの規範意識や家族役割意識の検討を通じて迷いを把握し、(3) 入居者家族への支援のあり方 (援助者の視点、家族会の視点) を提起していくことが必要と言える。

入居者家族は入居者のささえとなる存在でありながら、時に支援を必要とするニーズをもつ。もっとも、全ての家族が常に支援を必要としているとは考えにくい。また、入居者や援助者との関わり等の状況によって迷いが生じたり、緩和されたりすることが予想できる。つまり、迷いを抱える家族は常態化したものではなく、さまざまな条件によって変動することが考えられる。そのため迷いを抱える家族の把握においては、人数や割合の把握を越えて、その時、入居者家族がどのような意識 (規範意識や家族役割意識) をもち、その結果、どのような行動として現れ (面会、行事への参加、苦情表明行動等を含む)、そしてどのような支援 (家族会の相互支援関係、援助者による介入の課題を含む) を必要としているか把握することが重要と言える[3]。

迷いを抱えながら入居者をささえる家族に対しては、その迷いについての研究と臨床が急務である。それには、当然、家族自身の積極的な発言を得なければ実現できないことがある。しかし、入居者家族の迷いは十分に語られていないし、迷いを把握し、緩和する仕組みも整っているとは言えない。

もっとも施設においては苦情解決制度が整備され、苦情解決責任者や受付担当者が明確に位置づけられている。そして、苦情申立者のなかで最も多い者は家族である（東京都国民健康保険団体連合会2017）。しかし、家族から表明される苦情は、施設サービスや援助者の接遇等に関するもので、家族自身が抱える精神的不安のようなものは語られない。つまり、苦情表明行動が自分以外の者（外部）に働きかけるのに対して、迷いは自分の行動を内的に規制する意識であると捉えることができる。

施設入居後の家族のニーズとして、Coxは、「家族の葛藤やコミュニケーション不足の調整」、「好結果な訪問になるような援助」等をあげている（Cox=1997：272-3)。しかし、同時に、多くの家族はこれらのニーズをどのように表現したらよいかわからないでいたり、あるいは自分たちもこれらのニーズに対処していくに当たって援助を受けられることを知らないでいる（Cox=1997：272-3)。

このような家族のニーズ（迷いを含んだもの）は多分に不可視的であるために、入居者と家族の関係の問題は家族員の内部に還元されがちである。例えば、面会に来ないことが家族関係でのみ論じられれば、家族員の問題として完結することになる。しかし、家族が抱く迷いの把握を前提とした視点に立てば、面会に来られないのはどのような迷いによるものなのか、さらには、迷いを解消したり、緩和するにはどのような介入の仕方や環境の整備が必要なのか、という発想が可能になる。

ここでは、施設ケアにおいて入居者家族の「迷い」の把握や解消、緩和が十分に行われてこなかったとして、（1）入居者家族が抱く「迷い」の把握、（2）「迷い」を抱える家族の姿とその背景について明らかにし、入居者家族への支援のあり方を提示する。

本書では、家族が思いを語る現象がある一定のリアリティをもつものとして位置づける。苦悩や葛藤のリアリティの中にある家族にとって、思いを語ることにどのような意義があるのか。思いを語ること自体の意義を強調することに加えて、「思い」が表出されたり、抑制されたりする背景や文脈に着目した検討を行っていく。

特別養護老人ホームの入居者家族は、自らの不満を苦情という形で表明する仕組みが整えられている。入居者家族の思いの聞き取りは、語り得る者だけに注目した実践ではない。それは、同時に語り得ない者の存在も浮き彫りにする。実際に聞き取られる思いは、公的な場面へと伝えられていく際に語ることのできる者の姿を伴って紹介されていく。つまり、苦情解決制度下では「語れない者」の声は存在しない。また、語れない者の存在を掘り起こすような仕組みにはなっていない。そのため、迷いを抱えた家族はさらに潜在化していく。このようなことから、家族の迷いと行動をグループインタビュー法によって聴き取ることを試みた[4]。

第2節　入居者家族が抱く迷い

入居者家族のなかには、身内を施設に預けたことに対して苦悩や葛藤を抱え、その感情を吐露したり、どのように整理したらいいかわからない者がいる。入居の申し込みをしておきながら、順番がくると躊躇し、入居を断ったり、延期したりする。自分がまだ身内のケアができるのではないかと迷って入居を決めかねている状態が明らかになった。

さらには、入居を決めたものの、身内を施設に残して帰ることの辛さを感じている家族がいた。家族にとっても徐々に状態が悪化していく親とかかわるなかで、次に面会することに戸惑いを抱く。

これらの感情は、時に、入居者本人の言葉の確認、身体的・精神的状態、介護状況の確認や援助者との関わり（入居者（身内）の状態の報告と確認等）を通じて緩和できることもわかった。その一方で、入居者（身内）や援助者との関わりのなかで確認が行われなければ、これらの感情は継続することがわかった。

このように、入居者家族は、身内を施設に預けることに伴って迷いを抱えることがある。入居に伴って家族が抱く迷いと行動を知ることで、家族

表 2-1　特養入居者家族が抱く迷い

1）預けること・預けたこと
2）面会に行くこと
3）関わること
4）変化を受け止めること

とのかかわり方が見えてくる。次にその中身についてみていこう。

(1) 身内を預けること

入居にあたって、家族は何度か決断を見送っている。しかし、周囲への迷惑や介護の限界を感じ、入居を決める。その一方でまだ自分で看れたのではないかという思いもあり、身内に対して、申し訳なさや罪悪感等の感情を抱くことがある。

入れるか入れんか、ちょっと待ちましょう、というのが家族の気持ちだと思うんですよ。できるだけ、やっぱりうちにおらしたい。おると、いろいろと変な状態も起きるし、人に迷惑を掛けたら困るという、このぎりぎりまでおらしたときの、入った時の別れ際は、非常に何とも言えん状態です。(傍線は筆者:以下同様)(Bさん)。*グループインタビュー調査協力者の属性は、巻末資料1として添付。

前も何度か「今、空きましたよ」という機会があったけど、「もう少しは我慢できるで」と言って、やりよったのですが、ちょうどそのころに「今、空いたよ」と言われて、「またこれを放っておくと大分後になりますよ」ということがあったもんで、そろそろ限界やなってことで、「よっしゃ、お願いするか」と、ちょうどタイミングがよかったもんですから、そういうことで入らせてもらいました。そういうことで本当にありがたかったなと。（Hさん）。

ここへ来たらどうだということで当初、皆さん勧めてくれてたんで、行くようになったとたんに、明日入るという今日になって、そうすると、「Yのところへ行くから、もう行かん」と言って、そうすると取り消ししなきゃいかんし、いろいろ手配をしなきゃいかんと。そういうことで二回ばっかりキャンセルということをしたんですけれども（Eさん）。

（2）面会に行くこと

入居者に面会に行くことが、援助者や他の入居者に疎ましく思われているのではないか、監視されていると思われるのではないかと考え、面会に訪れることに迷いを感じていることがわかった。さらに、「昨日行ったばかり」だからと頻繁にいくことを控えていることもわかった。面会することで職員がもてなしてくれること、入居者のおやつの時間にかからないようにと配慮していることがわかった。

できるだけはここへ出て来て、顔を見て帰りたいと思うとるんですけど。あんまり面会に来ると、こちらさんが何か疎ましく思われるんじゃないかというような懸念もあるんです（Cさん）。

私は会いに来るのがだいたい週に一回以上来ています。それで、来ればだいたい一時間半から二時間ぐらいいるんですけれども、それが看護師さんたちに迷惑になるんじゃないかなということが気になるんです。それと、ほかの患者さんにもね。「あの人ばっかり来て」と。まあ元気な人もおるんでね、「おじいちゃん、またみえたの」と声を掛けてくださる患者さんもいます。だからして、これだけ来ても、患者さんなり看護師さんに迷惑掛けるんじゃないかなというのが一つのあれなんです（Cさん）。

食べ物はね、ちょっとうちにあったり、もらったりすると、「食べさせたいなぁと。いや、きのう行ったばっかりだから」なんて思って、そういうことでやめているんだけども。

そして、行くとね、お茶を出してもらったり、コーヒーを出してもらったり、で、おやつの時間に引っ掛かると……。だいたい1時ごろに来て、そのおやつの時間ちょっと前に帰るっていう……（Cさん）。

あんまり行くと職員が嫌うで、職員の方が家族に監視されとるような感じになると悪いんで、あんまり行かんほうがいいよと（Nさん）。

みんなに悪いと思ってあまり食事の時間に行かんようにしてるけどね（Xさん）。

（3）関わること

入居者の身体的・精神的衰えのため、自分で何をしたらよいかわからず迷っている状態にある。面会にいっても入居者とどのように関わったらよいか分からない状態が読み取れる。関わり方がわからないでいる場合、職員のアドバイスを求めている家族がいることがわかった。

前はCDをかけたりして、もう少しは分かっていたんですけど、今はあまり分からなくなってきて。童謡を。やはり痴呆が進んでいるので、もうどうしようもない、会話ができないので、どうしたらいいかちょっと分からないですね（Zさん）。

利用者の体をすべて毎日見てもらっとることやし、時たま家族が来ても、どういうふうにして利用者のためにいいことかも分からんもんで、（…中略…）たまに来ても、へたに体をかまって、よう悪うなったりしても嫌やし、テレビを見て、まあテレビが一応友達みたいな時間も多少あるのかもしれませんけど、そんな場合、足をちょっと2～3回、トントンとすればするくらいのことで、あとのことは、こちらに任せておりますので、へたなことはできんし（Fさん）。

来てもね、結構一〇分、二〇分が長いわ。一方通行やでね。こちらがパーッとしゃべるだけでね、さすって、食べさせて、そのくらいのことやね。ほんでね、前は一週間に二回か三回ぐらい来てたわ。だけど、あんまり反応がないもんで、なんか自分もね、ぼーっとしとっても時間がもったいないような気がしてね。本当は親に会わないかんのやけどね（Pさん）。

家族としてね、例えば「こういうふうにしてあげていただいたらどうでしょうか」というのが、もしあるんだったら、むしろ教えていただきたいなと。施設に預けっぱなしというのもあるので、みえたら、こういうことをされたらどうですかというようなことをやってもらうとありがたいとか（Yさん）。

食事介助しているときに、入れ歯がずれると言うと、「そうですか。こういう方法もありますよ」と言われたことがあるんです。やせてくると入れ歯が合わなくなってくるんです。新しく作っても、どっちかというと口の中で遊ぶというんですか。「ある方は固定剤を使ってみえますよ」と言われて、「あっそうですか。だったら、うちも固定剤を」って言ったら、すぐに手配してくださったんです。（……中略……）「こういう方もいらっしゃいますよ」と言ってくださったから、ありがたかったなと思ったこともありましたね。こういう例もありますと、自分にも使えることを言ってくださったのもよかったです（Bさん）。

（4）変化を受け止めること

入居者の身内の身体的・精神的変化（衰え）を受け止めきれない状態・戸惑いを感じている。そのことが、入居者を施設に残して自宅に帰る際の心残りになっているケースがあった。

飲み込む力もあんまりね、以前と思うとだいぶ衰えて、この先どのくらい生きてくれるかなあと思うのがね、なんか心配で。でも、そういうね、親がだんだんとそういうふうに衰えていく姿を見てると、つらいね（Pさん）。

まあ、親がだんだん衰えていくもんでね。そういう姿を見ていると、つらいわね。こうやって話ししても思い出したりして涙出ちゃうけど（Pさん）。

誕生会を自宅でやるという計画で、うちへ連れて行ったんですよ。ほして、食べたものなり、これ全部ごちそうしてやったんですけど、どうもうちへ帰っても、自分のうちへ帰ってきたという認識がないんですよ。で、しばらくご飯を食べたりなんかして、やって、「おら、もう早う帰らなん」と言うんですよ。帰らなんちゅうのは、ここ（施設）が家（うち）だと。…（中略）…ここに居てもらっても、私も困るし、帰らんと言っても困るし、来てもらいたいということで来てもらったんですけど、結果的には、こちらが家やって。待っとるって言って。そういう点で、やれやれと思ったんですけど、悲しいなと。…（中略）…長いことおったもんですから、「帰るぞ」と。なんか寂しいような、ああ、こういうふうになっちまうんかなと……（Bさん）。

完全にまだ認知症でない、こちらでは、とにかくあっちこっち、先ほどお話ししたように夜中に出て歩いたりして、われわれから見るとおかしい。本人から見ると、まだ半分か……どうでしょうかな、前後しとる状態。そういうことで、それから別れて帰る時なんて、本当、悲しさと、本人の気の毒さというかを感じたんですね（Bさん）。

一昨日もちょっと、姪のお葬式に行って来たんですけど、「あの人、死んだよ」と言っても、「うん、うん」と、そんだけなの。だから、かなり一緒に暮らしてたんだから、反応があるかなと思うけど、全然反応がないんですね。（…中略…）「何々のおばちゃん、死んだよ」と言っても、「うん、そうか」と、そんなもん。全然悲しいとか、寂しいとかってことがないんですね。感情がないという（Kさん）。

いろいろやるにはやってみるんやけど、通じんのやもんね。聞こうとせんし。聞こうとせんしね、自分だけで何か分からんことを言っとるけどね、理解できんです。そやもんでね、ごく最近ですけど、前にもおかしいにはおかしかったけど、最近特に話ができんようになってまって（Mさん）。

何言っても最近は通じんもんで、困っとる（Mさん）。

このように、入居者家族が抱く迷いの様相と局面がわかってきた。次にその背景要因についてタイプごとに見ていこう。

第3節　入居者家族が抱く迷いのタイプと要因

グループインタビューから得られた迷いの姿をまとめると、次の三タイプに分けられることがわかった。それぞれの迷いのタイプとその中身についてみていく。

①規範意識からくる迷い（入居者家族が自らの行動を抑制する迷い）

「預けたことへの後ろめたさや罪悪感」では入居の判断を巡って家族が迷いを抱いていることが窺えた。入居後も規範的な家族モデルを形成し、ほぼ毎日面会に来ることによって家族としてのあり方を他の親族や近隣に示している方がいた。

②役割意識からくる迷い（入居者や援助者等との関わりにおける役割に関する迷い）

「面会に行くことの躊躇」では、入居者や援助者との関わりにおいて確信が持てないでいる様子が窺えた。「入居者（身内）への関わり方の不安」と同様、入居者との適切な関わり方の確認や援助者とのコミュニケーションによって迷いが緩和されるのではないかと推察できた。

③情緒的感情からくる迷い（入居者や援助者等との関わりのなかで生じるさまざまな感情に起因する迷い）

「入居者（身内）の変化に対する悲しさと戸惑い」で施設に身内を残して帰ることが心残りになっているケースがあった。入居者との関わりから派生する感情がその後の行為（何かできるのではないか、今後どうすべきか等）に影響を与えている点で、迷いにつながると推察された。

これらの迷いについて言えることは、入居者家族は迷いながらも、入居者（身内）となんらかの関わりをもとうとしているということである。つまり、積極的に関わろうという姿勢があるからこそ「迷い」の形成につながると言える。

これまでみてきたように、家族は様々な迷いを抱きながら入居者に関わっていた。また、入居者（身内）の帰宅願望に対してうまく対処できないため、面会をためらう家族がいることがわかった。その一方で、面会を重ねる家族においても、身内を施設に預けたことに対する負い目を償う思いも背景にあることがわかった。さらに、「面会に来ない家族」の背景をみても、職員に気兼ねして面会を控える家族がいることが明らかになった。

これらのことからも、面会の多寡や施設への関与によって家族関係や家族状態を判断することは必ずしも適切ではなく、家族が抱く「迷い」の把握が重要であることがわかる。

入居者家族の支援においては、「当事者を支える家族」という視点だけでなく、家族自身が抱える「罪悪感」、「関わりへの不安」、「身内の変化を受け止めることの難しさ」など、入居者家族が抱く迷いの感情を吐露する機会を意識的に提供することの必要性が示唆された。今後、入居者と家族がよりよく向き合い、適切な関係を継続するためには、入居者家族自身が抱く感情の吐露、入居者への思いの傾聴と受容、入居者の介護職員や施設スタッフへの感情の吐露を意図的、計画的に行うことが極めて重要である。さらには、家族会の活動内容を家族同士のサポート活動として展開していく必要があると考えられた。

次に、入居者家族が抱く迷いに伴って起こる家族の行動についてまとめてみよう。

■注
1 Abrahamsson は、ＳＯＳシンドローム（ＳＯＳ症候群）の概念に触れ、家族の感情を表している。ＳＯＳシンドローム（ＳＯＳ症候群）とは、悲しみ（sorg）、不安（oro）と良心の呵責（samvetsforebraelser）というスウェーデン語の頭文字をとったものである（Abrahamsson=2006：139-44）。
悲しみ・不安・良心の呵責については、家族が下記のような認識をすると指摘されている。

悲しみ―パートナーと一緒の人生が悲劇的に終わろうとしている
悲しみ―一緒に計画していた事柄が実現できなくなる
悲しみ―好きな人を失ってしまったが、その人はまだ生きているので、嘆き悲しむわけにもいかない。好きだった人が変わってしまったのだ。
不安―母親があまりにも変わってしまったので、介護スタッフが昔のように優しく接してくれない。
良心の呵責―認知症という病気にもっと早く気づくべきであった
良心の呵責―もっと面会に行った方がよいがあまりいけない
良心の呵責―妻が病気だとは分からなかったので、どなりつけてしまった（Abrahamsson=2006：139-144）

2

同様に、Duncanによっても、高齢者が施設に入った後、家族介護者は介護から解放され、介護によるストレスや負担が消失するのではなく、施設入居者の家族は、罪悪感や喪失感等の複雑な感情を抱えていることが報告されている（Duncan 1994：235-44）。また、巻田の報告においても、老人を施設に入居させたことは、一つの負い目となっていると指摘される（1992：97）。さらに深堀らも、東京都内の特別養護老人ホーム三施設の入居者の在宅生活時における家族介護者一八九人を対象に調査を実施し、分析対象となった家族介護者一四五人中五九人（四〇・七％）の精神的健康が低いことを指摘している（深堀 2005：399）。

3

家族調査として、グループインタビュー法を用いた。グループインタビューは、他の参加者の思いを聞くことによってさらに新たな考え方や視点を引き出すことが可能な方法であり、本研究の目的である迷いの把握やその共有と緩和の実践としても有効な方法と考えて選択した。時期をおいて、さらに追加調査を実施した。グループインタビューにおいては、家族会に関わるメンバーに協力してもらい、調査テーマにそって司会者（調査者）より提示された質問にそって一時間から二時間で意見を述べ合い、意見交換してもらう。今回は、その様子を記録し、文書資料化した。詳細については、下記の文献を参照してほしい。

井上修一（2008）「特別養護老人ホーム入居者家族が抱く迷いへの支援——施設ケアにおける家族支援の新たな展開をめざして」『社会福祉士』（15）日本社会福祉士会：110-18

第3章

迷いを抱える入居者家族の姿

第1節　迷いを抱える家族の特徴

施設入居に対して満足している一方、身内を施設に預けたことについては不安や葛藤・後ろめたさ・罪悪感・自責の念等を抱え、現状に確信がもてないでいる家族がいる。これまでの調査によって、九七・四％（二九九人）の入居者家族が「身内（家族）を施設にお願いして良かったと思う」一方で、四六・九％の家族が「身内を施設に入居させたことについて、『これで本当に良かったのか』と思うことがある」と回答し、現状に何らかの確信を持てないでいることがわかった（表3－1）。さらに、迷いを抱える家族の傾向として、女性より男性の方が多いことがわかった（χ2=3.992, df=1, p<.05）。その背景として考えられるのは、介護年数の平均の差である。入居前の介護年数を比較すると、男性の

表 3-1　身内を施設に入居させたことについて、「これで本当に良かったのか」と思うことがある

	度数	有効%
4 そう思う	98	32.1
3 どちらかと言えばそう思う	45	14.8
2 どちらかと言えばそう思わない	40	13.1
1 そう思わない	122	40.0
合計（有効）	305	100.0

表 3-2　迷いを抱える特養入居者家族の姿

1）本人に積極的に関わってみたいと考えている
2）本人に思うように関われていないと感じている
3）施設に行っても何をしていいかわからない
4）他の入居者に遠慮している
5）親族間で意思統一が取れていない
6）意思表出を抑制する傾向がある

方が少なかった。介護経験は、本人への関わり方の迷いにつながる。男性介護者は、本人と関わることに確信が持てずに面会を続けているのではないかと推察された。

さらに、迷いを抱える家族は、言いたいことが言えていない。施設ケアに戸惑いを覚えながら、それを言えない（意思表出を抑制する）家族がいる。調査によって、意思表出を抑制する家族（「言いたいことがあるにもかかわらず言えていない家族」）の特徴が明らかになった。調査結果では、迷いを抱える家族は、意思表出を抑制する傾向にあった（$\chi 2=3.840, df=1, p<.05$）。さらには、同居していた家族ほど、意思表出

を控える傾向にあることがわかった（X2=4.671, df=1, p<.001）。施設ケアに戸惑いを覚えた家族は、割合としては少ないが、その戸惑いを伝えることができているかどうかは顕著な差がみられた。

また、「入居者家族は少々言いたいことがあってもがまんしなければならない」という、規範意識の強い入居者家族ほど、意思表出の抑制傾向が高いことがわかった（X2=42.916, df=1, p<.001）。

まとめると、迷いを抱える家族は次のような傾向があることがわかった（表3-2）。

次に迷いを抱える家族の姿についてみていこう。

(1) 本人に積極的に関わってみたいと考えている

迷いを抱える家族は、積極的な関わり意識が高いことが明らかになった。家族は、迷いながらも身内の援助に対して積極的に関わりたいと考えている（X2=9.658, df=1, p<.01）。その一方で、職員が忙しくなりそうで悪いと考え、施設ケアに対する関わりにおいて「ためらい」や「遠慮」の感情を抱えていた（X2=5.600, df=1, p<.05）。

(2) 本人に思うように関われていないと感じている

迷いを抱える家族は、身内に思うように関われていないと感じていると同時に、言いたいことがあっても我慢する傾向が強かった（X2=8.830, df=1, p<.05）。また、こうした家族は、面会に行っても他の入居者のことが気になって、身内とうまく話せないでいた（X2=10.561, df=1, p<.001）。

（3）施設に行っても何をしていいかわからない

迷いを抱える家族は、面会に行っても自らの役割がわからず戸惑っていた（$\chi 2=4.879$, df=1, p<.05）。さらには、施設に行っても何をして良いかわからないと感じている（$\chi 2=11.830$, df=1, p<.001）。家族にしかできないことがあると感じながら、自らの役割がわからず、自らを押さえ込んでいる姿があった（$\chi 2=11.122$, df=1, p<.001）。

（4）他の入居者に遠慮している

迷いを抱える家族は、他の入居者に遠慮して身内と思うように関われないと感じている。面会に行っても他の入居者への遠慮から身内に関わりきれないで迷いを抱えている家族の姿が窺える（$\chi 2=5.080$, df=1, p<.05）。

（5）親族間で意思統一が取れていない

迷いを抱える家族は、親族間で身内への対応の意思統一がとれていない。だからこそ、施設に要望を出すことを控えたり、意思表出を抑制する傾向にあった（$\chi 2=5.011$, df=1, p<.05）。

（6）意思表出を抑制する傾向がある

迷いを抱えている家族ほど、意思表出を控える傾向にあることがわかった（$X2=3.840$, df=1, p<.05）。

さらに、迷いを抱える家族は、規範的家族意識（「入居者家族は、少々言いたいことがあってもがまんしなければならない」）をもっていると推察された（$\chi2=5.770, df=1, p<.05$）。

一方、援助者と信頼関係ができていると感じている家族は、意思表出の抑制傾向が低い。つまり、言いたいことが言えている。さらに、信頼関係形成が援助計画の共同性（「職員と一緒になって入居者（身内）の援助内容・援助計画を検討できている」）と関連性があることがわかっているが、援助者と一緒になって援助内容を検討できているほど、意思表出の抑制意識が低いことがわかった（$\chi2=12.518, df=1, p<.001$）。

調査では、性別、入居者との関係、また、同居経験の有無によって、迷いを抱える家族の姿と意思表出を控える家族の傾向が明らかになった。特に、「言いたくても言えないことがある」という意思表出の抑制傾向にある同居していた「子（男性）」、同居していた「子の配偶者（女性）」については、他の家族よりも関わりに留意する必要があろう。また、家族会への参加が苦情表明を助けることから、家族会活動への参加の工夫（男性の参加率が低い）と、家族会と援助者のより良い関係づくりが期待される。

入居者家族のなかには、援助者と信頼関係ができていると感じながらも、援助者に対して問題状況を語ることのできない者がいた。いわば、語り得ない主体の存在と傾向が明らかになった。この調査結果から明らかなように、身内を施設にお願いしたことに対して迷いを抱え、そして言いたくても言えないことがある家族に対しては、あらかじめその傾向をつかんだうえで、汲み取れない声をつかむためのフォローが必要である。これからは、入居者家族が迷いの感情を吐露できるような機会の提供が求められる。

先行研究においても、長く在宅ケアを経験してきた家族ほど、施設入居に対して葛藤を抱きやすいことが指摘されている（田宮 2000：87）。そう考えれば、在宅で入居者と関わってきた家族ほど施設入居にあたって迷いを抱えやすいと予測することができよう。施設ケアに対してなんらかの意思がありながらそれを表出することを控える家族＝「迷いを抱える家族」として捉えることができる。

これまで援助者が入居者家族とのかかわりを求めてきた背景には、介護サービスにおける入居者家族が持つ意味性を深いところでとらえてきたからに他ならない。しかし、ケアへの家族参加は、施設業務への家族の協力という意味に誤解される場合もあるが、家族が自分の身内である入所者に本当にしたいと思うことをすることであり、そのことを可能とする環境作りがこれからの施設に求められる（宮本 2003：40-1）。

Duncan は、罪悪感や喪失感等の複雑な感情を抱えた家族にとって、施設入居は、価値観や役割を再構築し、適応するための移行期でもあると述べる（1994：235-44）。また、巻田の報告においても、身内を入居させたことは、家族にとって一つの負い目となっているが、その気持ちを少しでも和らげるためには、家族に終末期のケアに参加してもらうことが一つの方法とされている（巻田 1992：97）[1]。

そうであるならば、当然、家族等がケアに何らかの形で関われるような環境づくりが求められる。

迷いを抱える家族への対応においては、これで良かったのだと本当に安心・確信できる環境・関係づくり、そして、家族関係支援・家族との協力関係構築が求められよう。

第2節　施設ケアに対する入居者家族の関わり意識

入居者家族がどのような関わり意識をもっているか把握するために因子分析を行った（表3-3）。第一因子は、「施設へ要望を伝えるのは、わがままな入居者家族だと思われそうで抵抗がある」「入居者家族は、少々言いたいことがあってもがまんしなければならない」「施設に要望を伝えることで、『それなら他の施設を利用したら』と言われそうで怖い」「施設側に対して苦情を言うのはなんだか気が引ける」「職員に対して言いたくても言えないことがある」「改善してもらいたいことがあるが、職員が忙しくなりそうで悪いと思う」等の項目が高い因子負荷量を示した。よって第1因子は、入居者家族が苦情や要望などの意思表出を抑制する傾向を示していると判断し、「ためらい」タイプと捉えた。

第2因子は、「入居者（身内）と会う機会をもっと増やしたいと思う」「入居者（身内）の身体的ケアに関わってみたいと思う」「職員から、もっと入居者（身内）の様子について聴いてみたい」「入居者（身内）に対する援助内容を決める場面に立ち会ってみたいと思う」等の質問項目が高い因子負荷量を示した。そのため、第二因子は、「積極的関与」のタイプと捉えた。

第三因子は、「入居者家族は、身内を預けた以上、全ての援助を施設におまかせすべきだと思う」「入居者家族が施設の援助方針に従うのは当然だと思う」「職員は、入居者家族の役割を代替できると思う」「職員は入居者（身内）の代弁者だと思う」等の質問項目が高い因子負荷量を示した。そのため、第三因子は「依存」のタイプと捉えた。

第四因子は、「入居者家族は、入居者（身内）の思いを把握してそれを施設に伝える役割がある」「入居者家族が入居者（身内）の援助に対してアイディアを出してもよいと思う」「入居者家族は、施設サービスの評価者としての役割がある」等の質問項目が高い因子負荷量を示した。項目に共通するのは、代弁や評価といった第三者的活動と捉えることができる。そのため、第四因子は「第三者的関与」のタイプと捉えた。

第五因子は、「入居者（身内）の外出や散歩の手助けは、入居者家族がやるものだと思う」「施設の行事をサポートするのは入居者家族の役目だと思う」「入居者家族は、ボランティアとして施設運営を支えなければならないと思う」等の質問項目が高い因子負荷量を示した。そのため、第五因子は「運営サポート的関与」のタイプと捉えた。

第六因子は、「入居者家族が施設に面会に来ることで、入居者（身内）の情緒的な安定を図ることができる」「入居者（身内）の心理的安定を支える役割が、入居者家族に期待されていると思う」等の質問項目が高い因子負荷量を示した。そのため、第六因子は「情緒サポート的関与」のタイプと捉えた。

表 3-3　施設ケアに対する入居者家族の関わり意識因子パターン

質問項目							
因子 1：ためらい	因子 1	因子 2	因子 3	因子 4	因子 5	因子 6	因子 7
苦情を伝えることに抵抗がある	0.787	0.093	0.0184	-0.013	-0.036	-0.051	0.191
我慢しなければならない	0.759	-0.021	0.094	-0.173	0.125	0.049	-0.104
気が引ける	0.75	0.078	0.024	-0.030	0.052	0.030	-0.226
言いたくても言えないことがある	0.633	0.182	-0.171	0.085	0.101	-0.201	0.070
要望を伝えるのが怖い	0.593	0.106	-0.074	0.036	-0.044	-0.090	0.351
改善してほしいが忙しくなりそうで悪い	0.580	0.139	-0.016	0.095	-0.005	0.044	0.340
何をしてよいかわからない	0.407	0.1987	0.125	-0.062	-0.245	-0.084	0.277
因子 3：積極的関与							
会う機会を増やしたい	-0.027	0.731	0.140	-0.055	0.010	0.221	-0.219
身体的ケアに関わってみたい	0.050	0.692	-0.075	0.058	0.238	0.162	0.124
様子を聞いてみたい	0.356	0.587	0.030	0.137	0.022	-0.007	0.023
援助場面に立ち会ってみたい	0.163	0.585	-0.229	0.312	0.093	0.058	0.213
もっと口を出してよい	0.256	0.535	-0.129	0.3078	0.042	0.127	0.214
家族にしかできないことがある	0.186	0.533	-0.148	0.177	0.129	0.009	0.177
因子 3：依存							
お任せすべき	0.165	-0.246	0.725	-0.120	-0.025	-0.008	0.104
従うのは当然	0.105	-0.155	0.723	-0.052	0.042	0.136	-0.107
職員は代弁者	-0.273	0.122	0.675	0.0317	0.157	0.037	0.032
家族の役割を代替できると思う	-0.091	0.144	0.607	-0.049	-0.102	-0.373	0.025
口を挟むべきではない	0.150	-0.332	0.389	-0.292	0.383	0.196	0.020
因子 4：第三者的関与							
思いを伝える役割	-0.062	0.133	-0.082	0.768	0.144	-0.025	-0.016
アイディアを出しても良い	0.009	0.136	-0.138	0.722	0.035	0.049	-0.184
評価者としての役割	-0.001	0.107	0.049	0.646	-0.082	0.135	0.125
因子 5：運営サポート的関与							
散歩の手伝いは家族	0.110	0.249	-0.048	-0.077	0.749	-0.058	0.0814
行事サポートは家族の役割	0.016	0.195	0.0624	0.075	0.727	0.042	-0.121
家族はボランティア	-0.092	-0.073	0.134	0.248	0.550	0.271	0.291
因子 6：情緒サポート的関与							
面会で情緒的安定ができる	-0.092	0.203	-0.021	0.063	0.006	0.797	-0.102
心理的安定を支える役割が期待	-0.096	0.306	0.042	0.130	0.145	0.541	0.185
因子 7：遠慮							
面会に行っても話せない	0.181	0.137	0.027	-0.064	0.070	0.020	0.714

第七因子は、「面会に行っても、他の入居者のことが気になってしまい、家族（身内）と思うように話せない」の質問項目が高い因子負荷量を示した。そのため、第七因子は「遠慮」のタイプと捉えた。

これらのことから、入居者家族の姿を、「ためらい」「積極的関与」「依存」「第三者的関与」「運営サポート的関与」「情緒サポート的関与」「遠慮」の七つのタイプから捉えることができる。入居者家族に対する苦情表明行動の調査で明らかになったことは、入居者家族は、苦情や要望などの意思表出を抑制する傾向がある（＝ためらい）。その一方で、本当は援助場面に関わってみたい（援助場面に立ち会ってみたり、援助に対してアイディアを出したり、評価したり等）という思いを持っている。また、自分の役割を入居者の代弁者、施設ケアの評価者として捉え、家族にしかできない役割（家族役割の独自性）があると考えている（＝積極的関与）。しかし、家族は、身内が入居した後は援助者に全て任せるべきだという規範的家族モデル（規範意識）を形成する傾向にあり、援助者が家族の役割を代替できると考えることがある（＝依存）。このような意識を持ちながらも、入居者（身内）の思いを代弁したり、施設サービスを評価したり（＝第三者的関与）、入居者の外出のサポートや行事のボランティアをしたり（＝運営サポート的関与）、面会によって入居者（身内）の情緒的サポートを行うことなど（＝情緒サポート的関与）の関わり意識を持っている。さらには、他の入居者に遠慮するために自分の身内に関われないと思っていることがわかった（＝遠慮）。

次に、性別による施設ケアへの関わり意識の違いを分析するために分散分析を行った。その結果、性別の違いは有意であった（$F(1,277)=3.999, p<.05$）。

男性は、依存（施設にすべておまかせすべき）や遠慮といった意識が強い反面、情緒的サポートの関わり意識も高いことがわかった。

属性による関わり意識の違いを分析したところ、子は、積極的に関わってみたいという意識が強く、さらに、子や配偶者は、情緒的サポート意識が高いことがわかった（$F(4,278)=3.491, p<.01$）。

次に、家族会への参加と施設ケアへの関わり意識の違いを分析したところ、家族会に参加している者の方が、施設ケアに対して、「ためらい」なく関われていた（$F(1,256)=6.481, p<.05$）。その一方で、面会の際、他の入居者に対して「遠慮」していることがわかった。

次に、年齢ごとによる関わり意識の違いを比較した結果、年齢による違いは有意であった。年齢区分を便宜的に四五歳までと、四六歳から六〇歳まで、六一歳以上に分けた。その年齢区分と関わり意識とを比較した結果、年齢が低い群ほど「ためらい」の感情を抱いていることがわかった（$F(2,267)=3.806, p<.05$）。また、年齢が低い群の方が「積極的な関わり」を志向していたのに対し（$F(2,279)=7.640, p<.001$）、年齢が高い群の者ほど「依存」的な（援助者が家族の役割を代替できるという）関わり意識を持っていることが明らかになった（$F(2,275)=13.854, p<.001$）。この結果から、年齢群ごとに役割意識が大きく異なることがわかった[2]。

第3節　苦情表明行動からみる迷いを抱える家族の特徴

家族が思いを語るという行動はまだ現れ始めたばかりである。それは苦情解決制度の整備によるところが大きい。ここでは、入居者家族から表明される苦情をある一定のリアリティをもつものとして位置づけ、苦悩や葛藤のリアリティの中にある家族が、自らの思いを語ること自体の意義を強調することに加えて、思いが見いだされる背景や文脈に着目した検討を行っていく。思いが現れることが、家族にとってどのような意義があるのか。さらに、思いが抑制される背景について注目したい。

苦情解決制度下では、語れない者の声は蓄積されない。つまり、苦情として蓄積されるのは、「言いたいことが言える家族」の姿である。その一方で、言いたいことが言えない家族は潜在化していく。苦情表明行動を援助展開過程への一つの参加形態と考えるならば、それは、問題解決を志向する極めて直接的、合理的な行為と言えよう。しかし、苦情表明が問題状況を変えうる極めて直接的、合理的な方法にも関わらず、その方法を選択しない（語り得ない）入居者家族がいる。苦情表明は、家族が援助者に意思を伝えることにおいては最も影響力がある方法だ。苦情という伝達方法を選択するかどうかは、伝える入居者家族にとっても受けとめる援助者にとってもある種の戸惑いを伴うと推察できる。その戸惑いのなかにこそ、支援を必要とする入居者家族の姿を見いだすことができる。

入居者家族が何らかの言説を援助者にむけて語るとき、いつでも、どこでも、自由な語りが許されているわけではない。その事実は、援助者も同様に感じている。施設の苦情解決責任者・受付担当者に苦情解決制度の課題を尋ねたところ、「入居者・家族の遠慮、言いやすい環境づくり」（自由記述）等に触れる回答が最も多かった。具体的には、「苦情や不満が表面化しにくい」「問題があるとしても、なかなか苦情としてあがってこない」「入居者及び家族が遠慮してしまい、苦情に発展するケースがまれである」など、まだまだ入居者・家族が苦情を言えていないと援助者は受けとめている（井上2004：179-85）。この語り得ない主体の存在が、家族と援助者の両者の意識（施設ケアにおける規範意識、家族役割意識等）のそれぞれの分析と比較の必要性を提起している。

家族は入居者とかかわる過程で、さまざまな感情を抱きつつ行為している。家族のなかには、高齢者を人質にとられているという気持ちになり、遠慮したり緊張したり気遣い等があるため、不満、依頼、意見などをいえずにいる者もいる（櫻井 1994：172）。援助者への申し訳なさから思いを言い出せないでいる。さらに、家族は、もし「波風を立てる」ようなことを言えば、援助者に全面的に頼っている老親のケアに影響が及ぶのではないかというおそれを感じている（Jacqueline=1988：223）。施設ケアにおいては、思うように本人や援助者に関われない家族の存在は意識しながら、その実態や支援について十分議論されてこなかった。

巻田等の研究によると、在宅で死亡した場合のほうが、病院死に比べ家族の心残りは少なかった（1991：54-5）。それは、「病院の医療やケアなどの対応に対する不満」、具体的には、検査や医療処置に対する不満、医師の家族に対する説明不足、看護婦のケアに対する不満などが言えたためであった。

家族の心残りは、自分の意志を表明できなかったことへの不満であり、また、病院における死は、家族抜きに進められていくことへの不満だとされる（巻田 1991：54-5）。家族の心残りは、不満が潜在化し表明できなかったことに起因する。その事実は、援助者も同様に感じている[3]。

援助者は面会を通じて家族との連携が実現できると考えているが、現実には家族の面会は多くなく、家族への役割を期待すれば期待するほど施設の家族への不信がつのるというパラドクスが見られるとされる（笹谷 2001：102-104）。しかし、入居者家族は、職員の邪魔になるのではないかと面会に行くこと自体をためらっている場合がある。その点では、面会に来ないからといって、かならずしも入居者に関わりたくないということではなく、援助者に対して遠慮している家族がいる。さらには、日々声を失い、かつての姿の面影をなくしていく身内を受けとめきれずに、また関わり方が判らず、施設から足が遠のく家族がいる。そうした迷いは表明されることはない。

そこで、苦情表明行動の調査を手がかりに、現状になんらかの戸惑いを覚えている家族を「迷いを抱える家族」として位置づけ、さらに、言いたいことがあるにもかかわらず言えていない家族（意思表出を抑制する傾向にある家族）の特徴を分析しながら家族支援の方法を探る[4]。

苦情表明経験がある者の特徴

調査では、苦情を「改善を望む訴え」とし、要望を含む広い概念として捉えた。ここでは苦情解決制度自体を論じない。本研究の興味は、何が苦情か要望かを議論することの先にあり、家族が施設側に何らかの要求を伝えることのメカニズムを探ることとその背景に着目しているため、厳密には苦情と要望を分けてはいない。

援助者に対して苦情を言ったことがあるかどうかについては、「ある」と答えた者は二三・九%（六七人）、「ない」と答えた者は七六・一%（二一三人）であった。このデータをみると、苦情を伝えることができている者の割合が必ずしも多くないことがわかる。

苦情を伝えたことがある者のうち、家族会に参加しているかどうかで比較すると、参加している者の方（二七・三%）が、参加していない者（一八・〇%）よりも、苦情表明経験の割合が高い傾向がみられた（χ2=2.964, df=1, p<.10）。また、苦情表明経験と家族会への参加は正の相関を示した。

男女の属性別に苦情表明経験を見てみると、その他を除いて男性では「子」の割合が低く、女性は「子の配偶者」の割合が低かった。また、両者に共通することとして、同居経験者の方がさらに苦情表明の割合が下がることがわかった。

まとめると、苦情表明経験がある人ほど、身内の援助に対して積極的に関わりたいと考えていることがわかった（χ2=13.156, df=1, p<.001）。分析の結果、苦情表明経験のある人は、身内の援助に対して積極的に関わりたいという意識を持っていることがわかった。同様に積極的な関わり意識に関する設問の三項目についても苦情表明経験との関連性がみられた（「入居者（身内）に対する援助内容を決める場面に立ち会ってみたいと思う」（χ2=5.791, df=1, p<.05）、「入居者（身内）の援助にもっと口を出しても良いと思う」（χ2=6.408, df=1, p<.05）、「入居者家族が入居者（身内）の援助にアイディアをだしてもよい

と思う」（$\chi^2=4.239, df=1, p<.05$)）。これらの結果から、苦情表明経験がある人ほど、入居者（身内）の様子を援助者に聴いたり、援助場面に立ち会ったり、ケアに対してアイディアを出したりという、施設ケアに積極的に関わってみたいという意識が強いことが窺えた。

一方、苦情を伝えなかった者については、自由記述を通して二〇五名の回答があった。苦情を伝えなかった理由の内訳をみると、①「苦情、要望がない」八六人（四一・九%）、②「対応に満足している」三八人（一八・五%）、③「対応がよい」二八人（一三・七%）、④「言いにくい、我慢している」一六人（七・八%）、⑤「申し訳ない、失礼だと思う」「お世話になっている以上いえない」一二人（五・九%）、⑥「入所して間もないので不明」八人（三・九%）、⑦「信頼している」三人（一・五%）、⑧「その他」一四人（六・八%）という結果であった。

苦情を伝えていない家族の内訳をみると、概ね対応に満足している回答が得られた。その一方で、「言いにくい、我慢している」「申し訳ない」という回答が一三・七%あったことにも目を向ける必要がある。さらに、④「言いにくい、我慢している」という回答のなかには「入所者への対応が変わるのは困るのでいえない」「施設の方針だといわれたらそれ以上いえない」「施設とのトラブルは避けたいから」「いいにくいし、言っても改善されないと思う」等という回答がみられた。この結果から、苦情表明経験がある人だけではなく、潜在的に苦情を抑制している家族の存在が明らかになった。そのため、意思表出を抑制する入居者家族の掘り起こしが、家族支援を提起するうえでさらに不可欠と言える。

■注

1 Duncanや巻田等の報告に共通して述べられることは、入居者家族が何らかの形でケアに関わりたいと思っているということである。また、Duncanによれば、そのことが、肉親のケアを施設に任せたことへの複雑な感情を緩和することが指摘されている。その中で多くの家族は、入所後も家族関係を維持したいと思っており、家族が情報提供など何らかの形でケアに参加することは、家族の複雑な感情を緩和し、入所を肯定的にとらえる過程を援助することになるという（Duncan 1994：235-244）（巻田 1992：97）。

2 ここでは、「身内を施設に入居させたことについて、『これで本当に良かったのか』と思うことがある」という設問を、現状に確信が持てないでいる状態（＝迷い）を把握するものとして設定し、迷いを抱える家族の特徴を明らかにした。施設ケアへの関わり意識による迷いの意識の違いを知るために分散分析を行った。その結果、関わり意識による違いは有意であった（F（1,270）＝12.559 ,p＜.001）（F（1,282）＝7.085 ,p＜.01）（F（1,300）＝4.163 ,p＜.05）。

詳細は、次の文献を参照のこと。

井上修一（2007b）「特別養護老人ホームの利用者と家族の関係維持・支援プログラム構築に関する研究」『平成17～18年度科学研究費補助金（若手研究（B））研究成果報告書』。

3 施設の苦情解決責任者・受付担当者に苦情解決制度の課題を尋ねたところ、「入居者・家族の遠慮、言いやすい環境づくり」（自由記述）等に触れる回答が最も多かった。具体的には、「苦情や不満が表面化しにくい」「問題があるとしても、なかなか苦情としてあがってこない」「入居者及び家族が遠慮してしまい、苦情に発展するケースがまれである」など、まだまだ入居者・家族が苦情を言えていないと援助者は受けとめている。

詳細は次の文献を参照のこと。

井上修一（2005）「岐阜県内の特別養護老人ホームにいおうおける苦情解決制度の現状と課題」『中部学院大学・中部学院大学短期大学部研究紀要』（6）：179-185

4
調査対象は、Ｇ県内の特別養護老人ホームのうち、家族会をもち、なおかつ家族調査に協力するという意思表示のあった施設の家族（九施設：六一〇人）である。家族の範囲が曖昧であるため、入居者の身元引受人を手がかりに調査票を送付した。実際は入居者との関わりを重視し、回答にあたっては「入居者に最も関わっている方」という依頼をした。実施期間は、二〇〇五年一月一四日〜三月二一日である。調査方法は、自記式質問紙を用いた郵送調査を実施し、回収率は、五一・六％（三一五人）であった。
詳細は次の文献を参照のこと。
井上修一（2006）「苦情表明行動にみる特別養護老人ホームの利用者家族の姿——迷いを抱えやすい利用者家族とその支援に向けて」『社会福祉士』（13）日本社会福祉士会：71-76

第4章

入居者家族が抱く罪悪感

第1節　入居者家族が抱く罪悪感

ここでは、特養入居者家族が抱く罪悪感に焦点を当て、何に起因するものかを検討した。特養に身内を預けることに伴う罪悪感や葛藤の背後には、本人の不自由さと同時に、もう一人の当事者である家族が抱く無力感があるのではないか。特養に入った身内に対して、自分に何ができるかわからない。また、どのように関わってよいかわからず、確認するすべをもたない家族がいる。

入居者家族が抱く罪悪感を自由記述からみると、【入居前】の《葛藤》《心残り》、【入居後】の《自責の念》、《申し訳なさ・負い目》、《後ろめたさ》、《不自由さ》、《世間体》等の複雑な感情と捉えることができる。それらは、「本人の言動に起因」したり、「家族の規範意識・役割意識に起因」することがわかった。特養入居者家族は、身内の入居前には、もう少し一緒にいられたらと考え、入居後は、自分がお世話できないことを申し訳なく思うことがある。それは、入居者（身内）の言動や自らの役割意識、規範意識によって引き起こされる。こうした罪悪感は、時間の経過と共に消えるわけではなく、一二年以上経っても持ち続ける家族の存在が明らかになった。そして、介護経験がある家族ほど、身内を施設に預けることに罪悪感を抱く傾向にあった。さらに罪悪感を持つ家族は、職員に教えてほしいことがある。罪悪感をもつ入居者家族は、入居者（身内）と関わりたいと考えているものの、これでよいのか確信が持てずにいる。関わり方は様々でありながら、家族が持つ不安を解消し、家族関係を維持し、継続できる支援が必要となる。

家族は、日々ケアしてくれている職員が、施設を訪れた際に、挨拶をし、快く迎えてくれることに安心する。職員も、面会の機会をとらえ、家族に安心してもらえるような情報を提供したり、あたたかなケアの姿を見せたりする。家族は、入居者の意欲的な言葉、笑顔、食欲の増加や体重変化等を知り、安心する。

特養の援助者の役割として、入居者と家族をつなぎとめたり、絆を深めたり、家族全体をケアし、エンパワメントする役割がある。そのために、入居者、家族とコミュニケーションをとりながら、心理状態を見極めるとともに、入居者と家族を「結びなおすケア」、さらには、「家族同士をつなぐ役割」が求められる。

施設入居は、本人のみならず家族にとっても安心できるものでなければならない。しかし、福祉サービスを利用することは、本人や家族をささえるものである一方、入居者家族のなかには、身内を施設に預けることで罪悪感を抱く者がいる。ここでは、特別養護老人ホーム（以下、特養）の入居者家族を対象として、家族が抱く罪悪感について検討した。その際、罪悪感を抱く場面、時期を設定し、それらと家族の属性、同居経験、介護経験の関連を調べた。

福祉サービスの利用と家族が抱く罪悪感との結びつきは単純ではない。当然、提供するサービス水準を上げる必要もあろう。その一方、入居者と家族の間で生じる不安、葛藤、ためらい、申し訳なさといった複雑な感情もみられる。これらの感情がどのように罪悪感と結びついているか見定めながら、特養入居者家族に対する必要な支援を考えていく。

認知症高齢者の主介護者は、入所サービスを利用することで体が楽になったという思いを持つ一方、家で介護したいが看られないことや預けてよかったのかといった葛藤を抱くことが報告されている[1]。先行研究によって罪悪感を抱く家族の存在は指摘されながらも、それは、何に起因するものなのか、これまで十分議論されてこなかった。

本研究では、特養入居者家族が抱く罪悪感を調べ、何に起因するものかを検討した。先行研究では、施設入居後に、親族の認知症の進行に伴い、関わり方がわからなくなって面会を控える家族の存在がわかっている[2]。先行研究では、家族に対してもっと入居者に関わってほしいという指摘がみられる。しかし、家族が何に思い悩み、不安を感じ、どのようなささえを必要とするかといった記述はみられない。

施設には、認知症を抱える本人へのケアにとどまらず、本人と家族の関係をつなぎなおしていく役割がある。そのことに着目することで、施設ケアが、入居者と家族を包み込みながら、家族全体をケアしていくことにつながると考えた[3]。

我々は、入居者と家族が安心して生活を継続できるケアをめざす。施設ケアが、入居者と家族の関わりを支援することで、施設入居後も家族とともに老いることを感じることができよう。

回答者の内訳は、男性四三名（三四・七％）、女性八〇名（六四・五％）で、平均年齢は六二・〇四歳であった。

入居している方との関係は、子が七九名（六三・七％）、子の配偶者が一七名（一三・七％）、次いで配偶者六名（四・八％）、きょうだい六名（四・八％）、その他一五名（一二・一％）という結果であった。

同居経験の有無を尋ねたところ、同居していた親族は六五名（五二・八％）で、同居していなかった親族五八名（四七・二％）を若干上回った（図4-1）。

また、在宅介護をしていた親族の割合は、七五名（六一・五％）、していなかった親族は四七名（三八・五％）であった（図4-2）。

入居者の平均入居年数は三・九五年であった。

家族を施設に預けたことに対して罪悪感を抱いていると回答した親族は、三八名（三一・九％）であった（図4-3）。

「入居者と思うように関われているか」という設問に対しては、一〇七名（九一・五％）が「できている」と答えている。

一方、職員に教えてもらいたいことがあると回答した者は、四五名（四一・七％）であった（図4-4）。

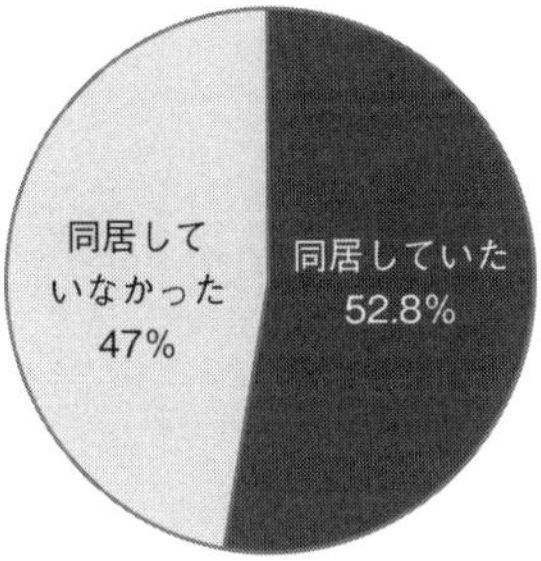

図 4-1　同居経験の有無

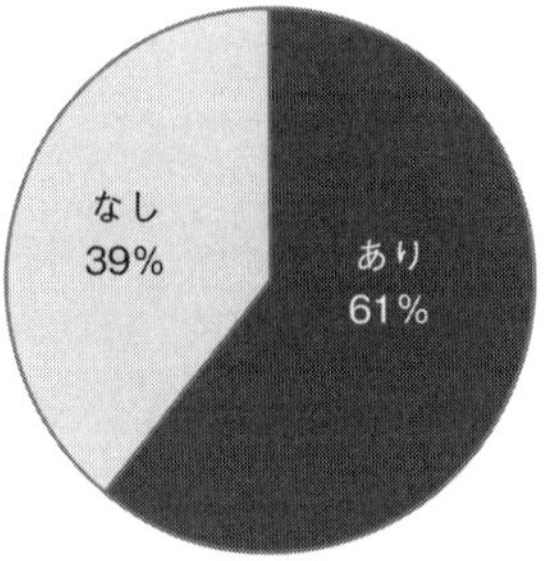

図 4-2　介護経験の有無

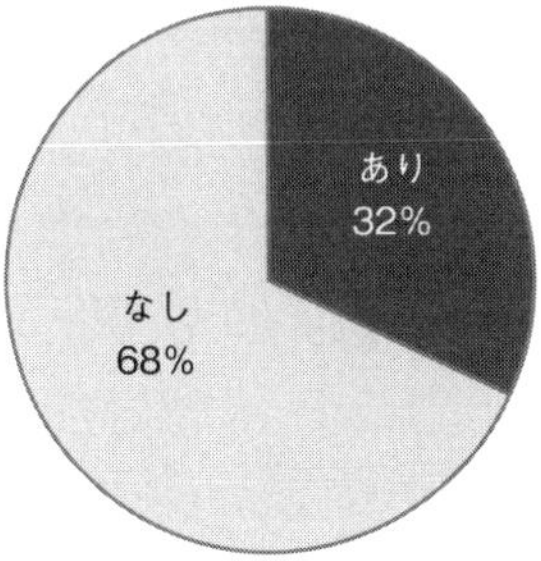

図 4-3　入居者家族が抱く罪悪感の有無

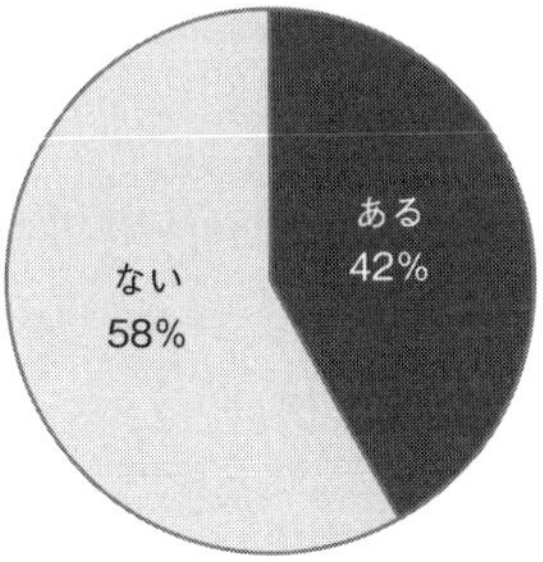

図 4-4　職員に教えてもらいたいことの有無

職員に教えてもらいたいことを複数回答で尋ねたところ、最も多かったのは「差し入れ」について二一名、次いで「認知症の理解」一九名、「看取り」について一九名、さらに「入居者との関わり方」一三名、「機能維持の方法」一三名という結果であった（図4‐5）。

同様に、他の入居者家族に聞いてみたいことの有無について尋ねたところ、あると回答した者は、二一名（二〇・八％）であった。複数回答で尋ねたところ、最も多かったのは、「面会の仕方」一三名、次いで「差し入れ」一〇名、さらに「看取り」八名という順であった（図4‐6）。

これらから窺えるのは、家族は入居者と関わりながらも、差し入れの仕方、

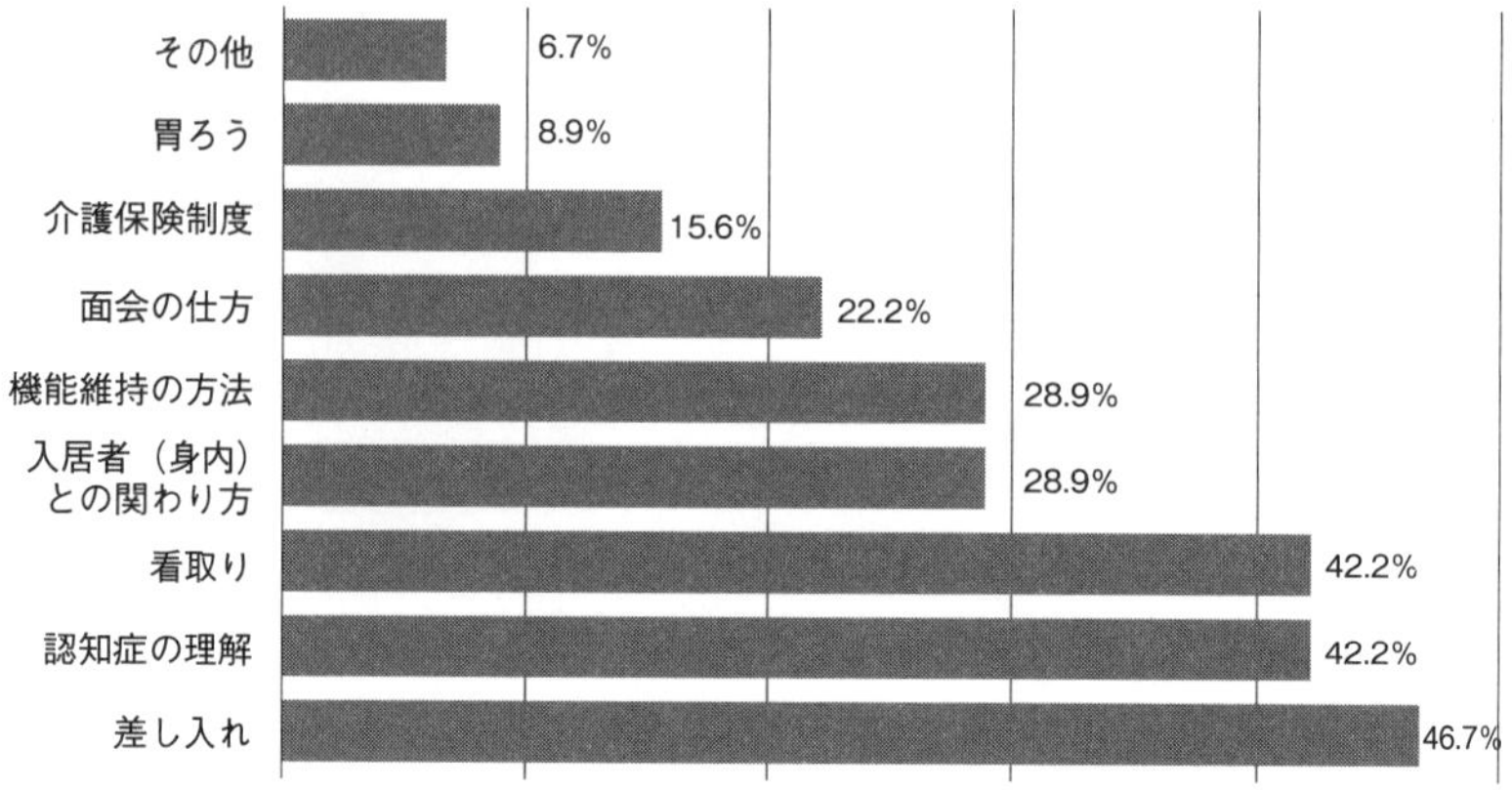

	差し入れ	認知症の理解	看取り	入居者（身内）との関わり方	機能維持の方法	面会の仕方	介護保険制度	胃ろう	その他
割合	46.7%	42.2%	42.2%	28.9%	28.9%	22.2%	15.6%	8.9%	6.7%

図 4-5　職員に教えてもらいたいことの内訳

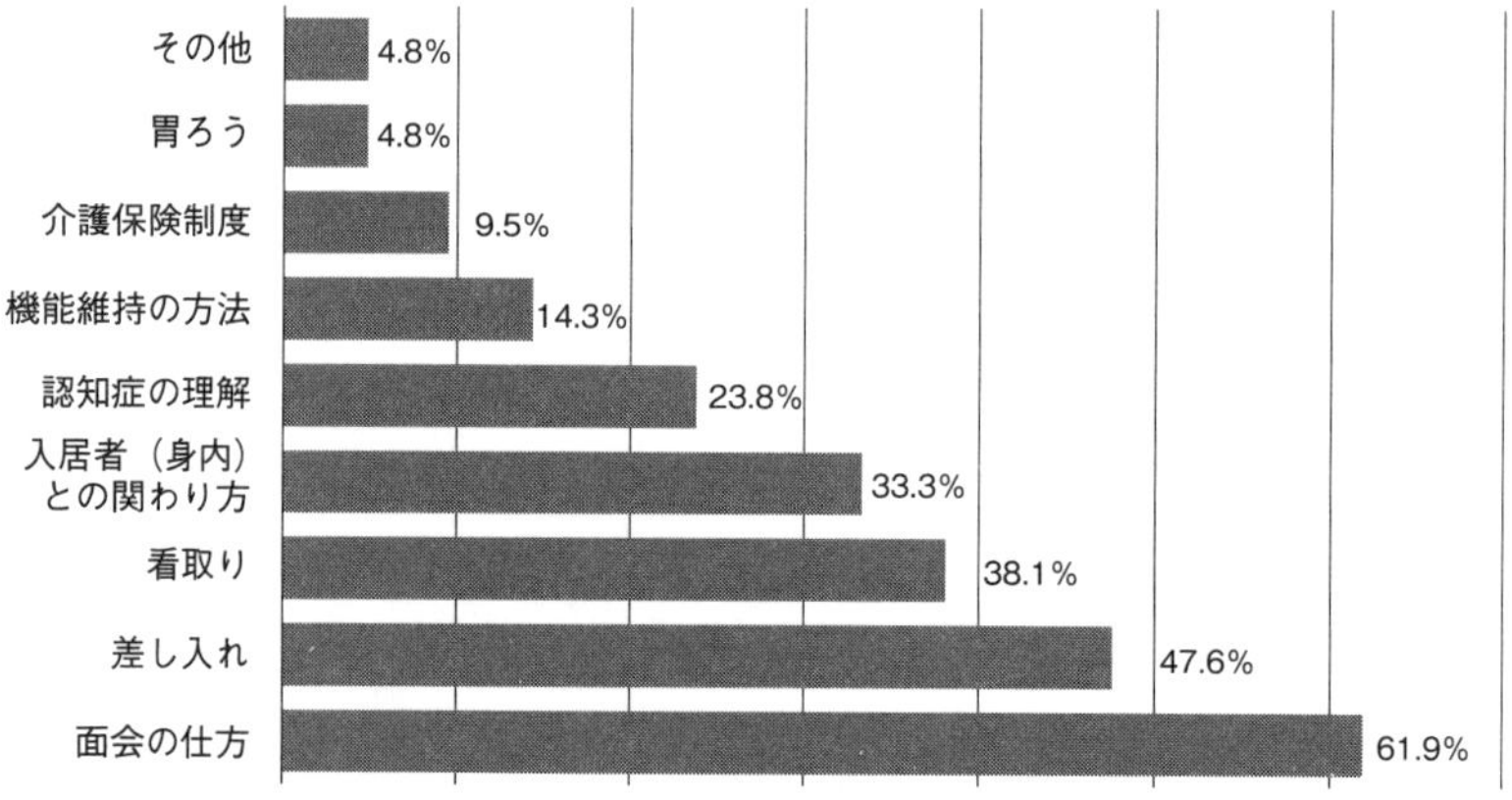

	面会の仕方	差し入れ	看取り	入居者（身内）との関わり方	認知症の理解	機能維持の方法	介護保険制度	胃ろう	その他
割合	61.9%	47.6%	38.1%	33.3%	23.8%	14.3%	9.5%	4.8%	4.8%

図 4-6　他の入居者家族に聞いてみたいことの内訳

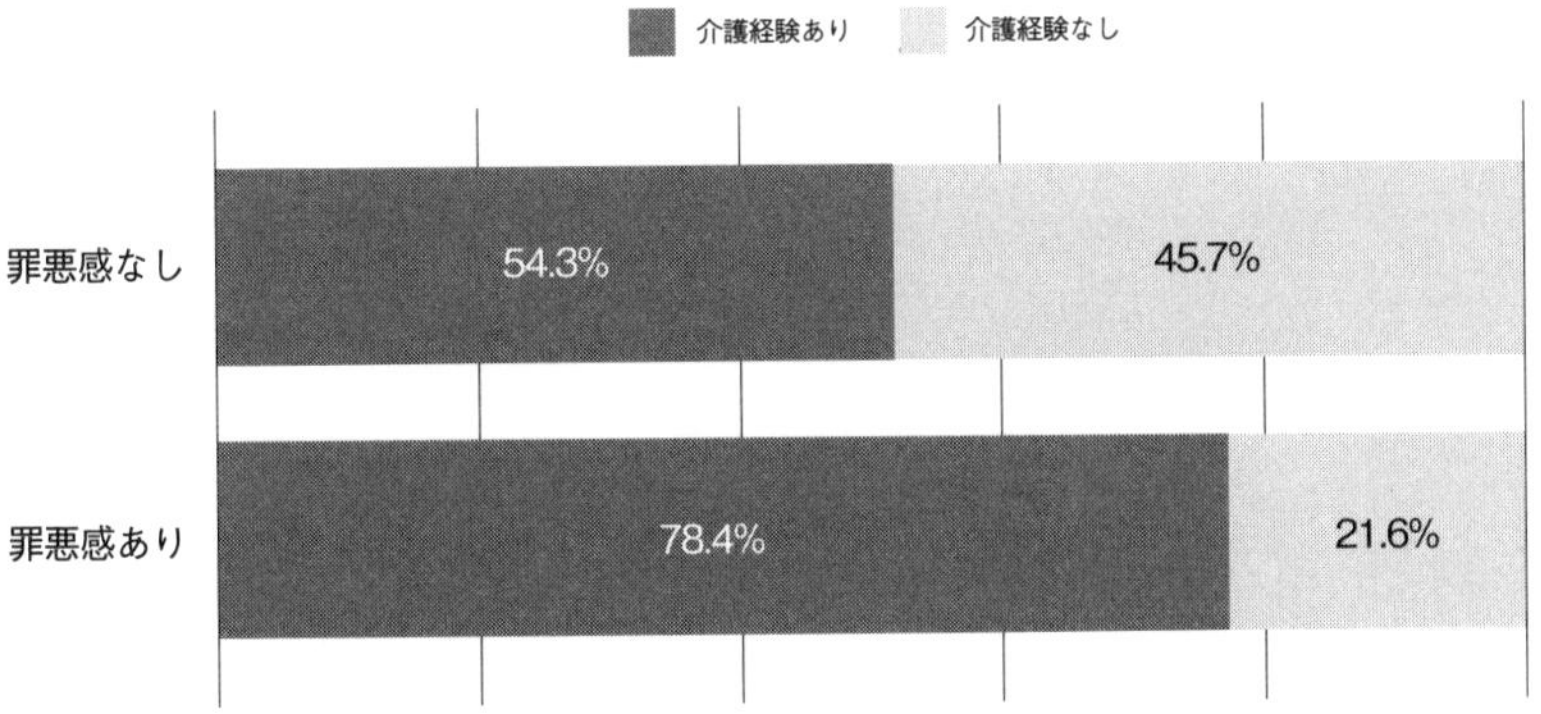

	罪悪感あり	罪悪感なし
介護経験あり	78.4%	54.3%
介護経験なし	21.6%	45.7%

図 4-7　罪悪感と介護経験の関係

身内の認知症の症状に苦慮しているのではないかということ。さらに、身内との関わり方、面会の仕方において悩んだり、改善の余地があると考えていると推察された。また、看取りについてもポイントが高かった。身内が亡くなることを意識し、職員からアドバイスをもらいながら看取っていきたいと考えていることが窺えた。

一方、他の入居者と情報交換したいという希望については、四二・五％（四八人）が、したいとこたえている。他の入居者家族に聞いてみたいことのトップは、面会の仕方であった。同じ境遇の家族同士で一番関心のある事項が面会の仕方であり、さまざまな悩みが発生すると推察される。面会では、同じ入居者家族だからこそ聞いてみたいこと、共有したいことがあると考えられた。

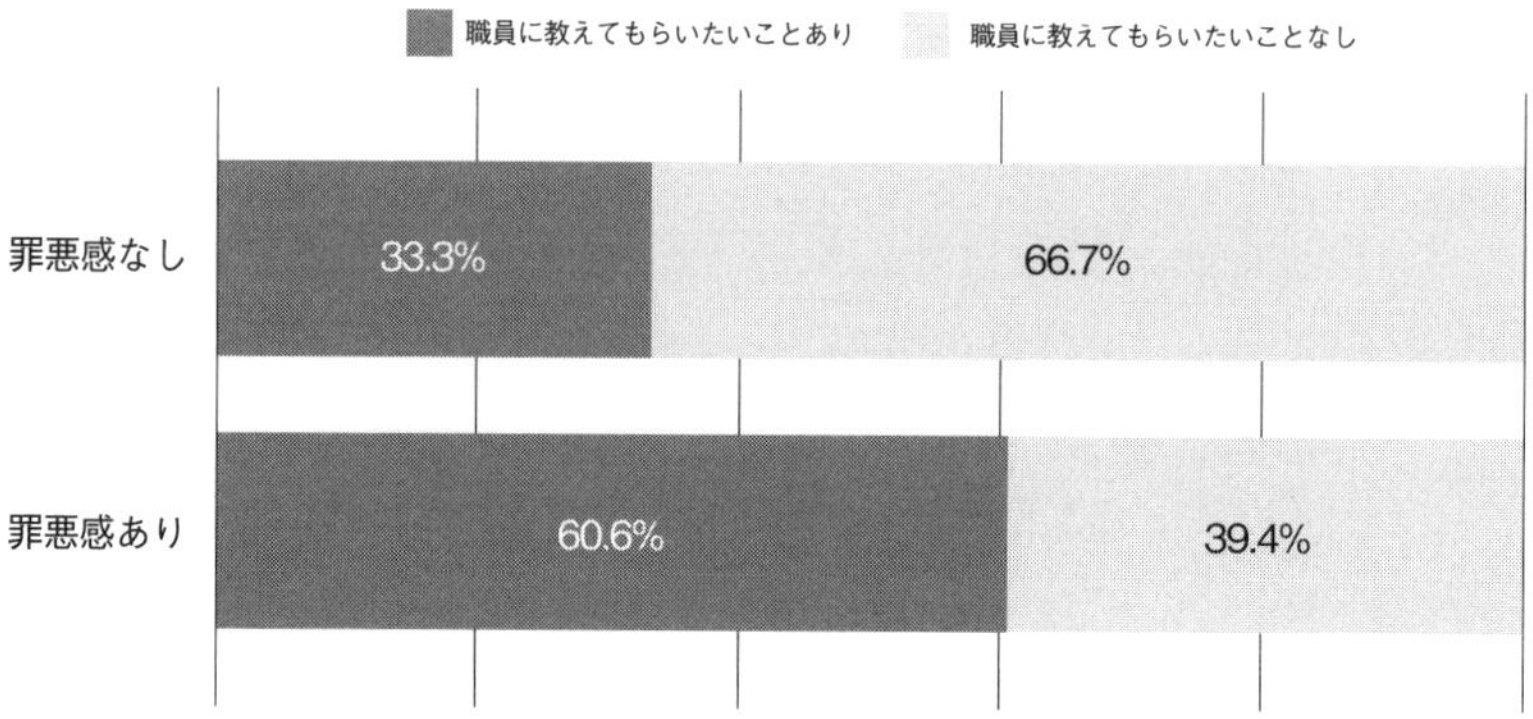

	罪悪感あり	罪悪感なし
職員に教えてもらいたいことあり	60.6%	33.3%
職員に教えてもらいたいことなし	39.4%	66.7%

図 4-8　罪悪感と職員に教えてもらいたいことの有無との関連

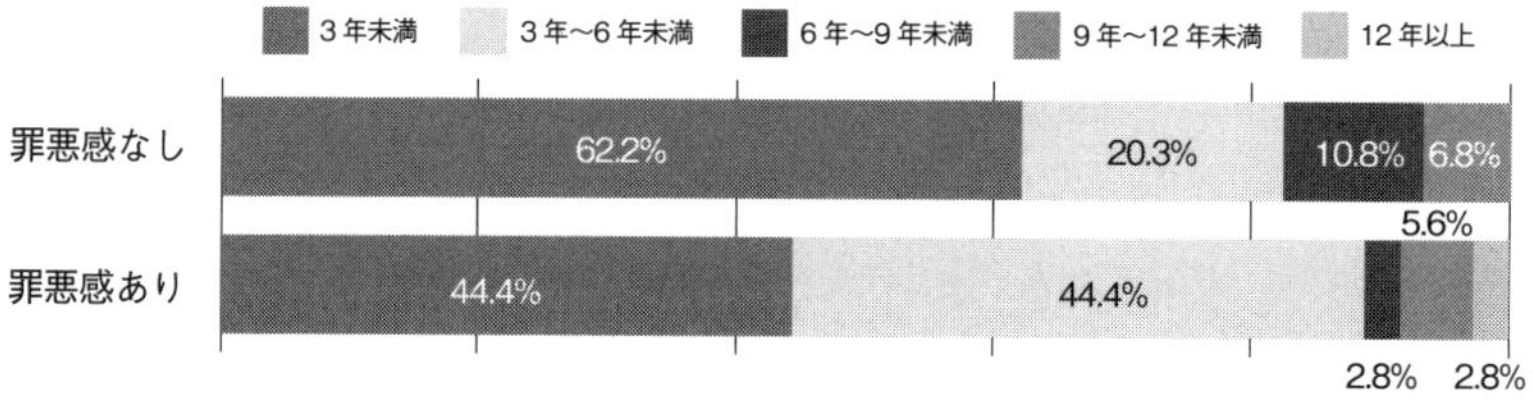

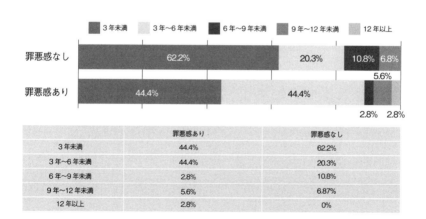

	罪悪感あり	罪悪感なし
3 年未満	44.4%	62.2%
3 年～6 年未満	44.4%	20.3%
6 年～9 年未満	2.8%	10.8%
9 年～12 年未満	5.6%	6.87%
12 年以上	2.8%	0%

図 4-9　罪悪感と入居年ごとの比較

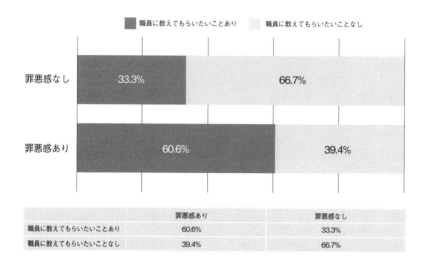

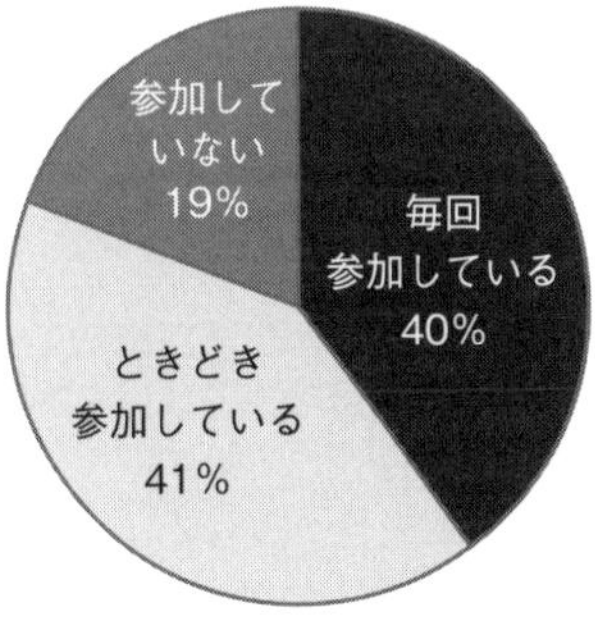

図 4-10　家族会への参加頻度

第2節　入居者家族が罪悪感を抱く場面——罪悪感の類型と場面

特養入居者家族が抱く罪悪感は【入居前】の《葛藤》《心残り》、【入居後】の《自責の念》、《申し訳なさ・負い目》、《後ろめたさ》、《不自由さ》、《世間体》等の複雑な感情と捉えることができる。それらは、入居者「本人の言動に起因」したり、「家族の規範意識・役割意識に起因」する（図4-11）。以下、場面ごとに入居者家族が抱く罪悪感をみていこう。

【入居前】

《葛藤》本人の言動に起因するもの

・五年前に独居での生活が無理だと判断して施設を探したときに、本人が入居するのを嫌がったときには、家族も辛かった。現在は施設での生活にすっかり慣れて、家族はありがたいと感謝している。

《心残り》家族の規範意識・役割意識に起因するもの

もう少し一緒にいられたらよかった、面倒をみたかった、自分にできることがあったと考える家族がいる。それらは、家族意識、役割意識に起因する考えであると推察できる。

・もう少し一緒に居られたら良かったのに、でも見てあげれない事情もあり。また、私自身も体が丈夫だったらと、夜になると辛くなります。

・入居すると決まったときに、もっと心良く面倒を見てやれたかと申し訳なさを感じた。

・もう少し自分で出来ることがあったかも、と思うときがある。

・入所が決まったとき思ったこと。ショートの途中で入所が決まり、もう少し時間があれば好きなものを食べさせてあげたり、何かしらしてやれたことがあったのではとすごく思ったのを今もまだ思うことがある。

・もう少しの間できたかと思う。また家に少しの間つれていってやりたいと思うときがあった。いまはもう話せない、動けないとどうしようもないが、何か思い出さないかと思うこともあった。

【入居後】

《自責の念》本人の言動に起因するもの

施設を訪問した際、入居者（身内）から「帰りたい」「外出したい」と言われ、その願いが叶えられないことによる自責の念を抱く家族がいる。また、入居者（身内）から「体に気を付けて」「無理するな」と、いたわりの言葉をかけてもらい、逆に申し訳なく感じる家族がいた。

・さみしいと言ったときに、自責の念、申し訳なさを感じる。
・家に帰りたいと訴えられても、叶えてあげられないとき。
・家に帰りたいといったときです。
・面会して帰るとき、母の顔を見ると、なんとも言えない気持ちになります。
・面会終わって帰るときに泣いて家へ帰りたいと言ったときに辛かった。
・置いて行くなよと言われたとき。出会って帰るとき、一緒に連れていってよって言われたとき。私に体を気をつけて無理するなよって言われたとき。
・外出したいと言われて、連れていけないとき、申し訳なく感じる。
・認知症があまりないので、元の生活に戻りたいというとき。

《申し訳なさ・負い目》家族の規範意識・役割意識に起因するもの

面会に来た家族は、入居者（身内）が周りの人に気遣って本当の自分を出せていない姿を目の当たりにしたとき、職員が一生懸命介護をしているのを見たとき、本来、自分がお世話をすべきであったのではないかと申し訳なく思う。入居者家族は、日常のさまざまな場面で罪悪感や申し訳なさを感じるが、その背景には、親の面倒は本来子どもが見るべき等の規範意識や役割意識があると推察された。

・会いに来たとき、自分が世話をしていないことに申し訳ないと感じます。
・入居した頃、入居者が周りの人に気を使って、本当の自分を出せていない姿を見たときに、申し訳ない気持ちでいっぱいになっていました。今は「こんな体やで家では無理」と言われると、逆に帰りたいんだろうなと思うと、申し訳ない気持ちになります。
・四人兄弟で男ばかり。誰も親の面倒を見れないようでは情けない。しかし、今までが一人暮らしのため一緒に住んだ場合は無理がある。現状のままでよい。
・本当は自分が母親の面倒をみるべきなのにできない罪悪感がある。職員の皆さまが一生懸命親身になってお世話してくださる姿に頭が下がりますし、申し訳なさを感じる。
・施設の方が一生懸命面倒をみてくださっても（ありがたく思っています）自分の親だから身内の者がやはり面倒をみてあげるべきではないかと、自分がだんだん年をとってきたためかふっと思うときがあります。

・私たちの年代では親は長男夫婦で最後までみるということを言われてきました。私もそのような考えがおおいにありました。しかし、いまは考え方も変わってきているし、負い目は感じなくても良いと思います。私は主人の親二人とも家でみとっている分、自分の親もと思うことも時々ありましたが、いまは割り切っています。

・弟の家族と同居していましたが、負担になるし、弟も看る気がなかったので、入居してもらいました。二四時間看ていただけることや級長設備も整っているので、その点は安心ですが、孫やひ孫との接触もほとんどないのがさみしいと思い、申し訳なく思います。

・長年一緒に暮らしよく頑張って働いて家庭を守ってくれた人でした。私は何もしてやれなかった。現在は明日は我が身とつくづく思います。

・同居したことがないこと。

・しばらく面会に来られなかったとき。自分で在宅療養できない。

・いつも思います。

《後ろめたさ》

知り合いが自宅で家族を介護していると知った時、施設に親を預けた自分と比較して、後ろめたさを感じる家族がいる。

・自分達が支障なく普通の生活ができているときに、申し訳なさを感じます。自宅で介護してみえる人の話を聞くときに、面倒をみてあげていないことに後ろめたさを感じます。
・知り合いの同年の方々を見たとき、申し訳なく感じるときがあります。
・家族で介護をしてみえる方を見たとき。
・職場の仲間たちの中に家族で世話してみえる方と話しているとき、自分たち将来も不安に感じます。施設で世話していただくことは本当にありがたいと思います。そのおかげで自分たちも生活していけるのではと思います。ありがとうございます。
・自分で見てやりたい気持ちはあるが、私の体を心配してくれる。家族（親戚）の気持ちとの入り混じったときなど。母より重度の方の世話をしていらっしゃる方を見たとき。

《不自由さ》
施設は集団生活であるため、自由に、気ままに行動したり、好きなものを食べたりすることが許されないと家族は感じることがある。入居者（身内）の不自由さを見るにつけ、自宅で暮らせないことに罪悪感や申し訳なさを感じる家族がいる。

・自由に動けなくて気ままさがないかな。

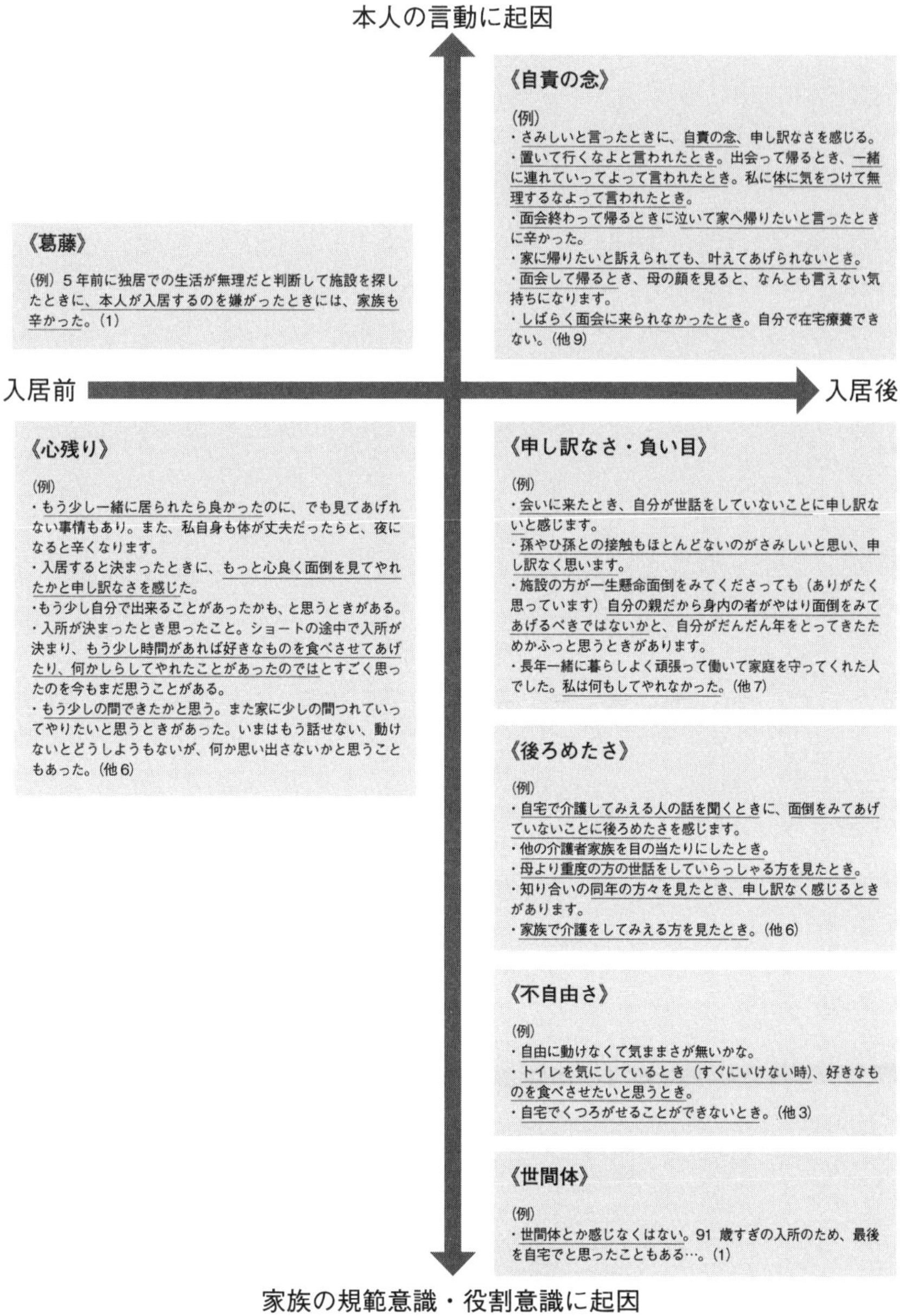
本人の言動に起因
《自責の念》
(例)
・さみしいと言ったときに、自責の念、申し訳なさを感じる。
・置いて行くなよと言われたとき。出会って帰るとき、一緒に連れていってよって言われたとき。私に体に気をつけて無理するなよって言われたとき。
・面会終わって帰るときに泣いて家へ帰りたいと言ったときに辛かった。
・家に帰りたいと訴えられても、叶えてあげられないとき。
・面会して帰るとき、母の顔を見ると、なんとも言えない気持ちになります。
・しばらく面会に来られなかったとき。自分で在宅療養できない。(他 9)
《葛藤》
(例) 5 年前に独居での生活が無理だと判断して施設を探したときに、本人が入居するのを嫌がったときには、家族も辛かった。(1)
入居前
入居後
《心残り》
(例)
・もう少し一緒に居られたら良かったのに、でも見てあげれない事情もあり。また、私自身も体が丈夫だったらと、夜になると辛くなります。
・入居すると決まったときに、もっと心良く面倒を見てやれたかと申し訳なさを感じた。
・もう少し自分で出来ることがあったかも、と思うときがある。
・入所が決まったとき思ったこと。ショートの途中で入所が決まり、もう少し時間があれば好きなものを食べさせてあげたり、何かしらしてやれたことがあったのではとすごく思ったのを今もまだ思うことがある。
・もう少しの間できたかと思う。また家に少しの間つれていってやりたいと思うときがあった。いまはもう話せない、動けないとどうしようもないが、何か思い出さないかと思うこともあった。(他 6)
《申し訳なさ・負い目》
(例)
・会いに来たとき、自分が世話をしていないことに申し訳ないと感じます。
・孫やひ孫との接触もほとんどないのがさみしいと思い、申し訳なく思います。
・施設の方が一生懸命面倒をみてくださっても（ありがたく思っています）自分の親だから身内の者がやはり面倒をみてあげるべきではないかと、自分がだんだん年をとってきたためかふっと思うときがあります。
・長年一緒に暮らしよく頑張って働いて家庭を守ってくれた人でした。私は何もしてやれなかった。(他 7)
《後ろめたさ》
(例)
・自宅で介護してみえる人の話を聞くときに、面倒をみてあげていないことに後ろめたさを感じます。
・他の介護者家族を目の当たりにしたとき。
・母より重度の方の世話をしていらっしゃる方を見たとき。
・知り合いの同年の方々を見たとき、申し訳なく感じるときがあります。
・家族で介護をしてみえる方を見たとき。(他 6)
《不自由さ》
(例)
・自由に動けなくて気ままさが無いかな。
・トイレを気にしているとき（すぐにいけない時）、好きなものを食べさせたいと思うとき。
・自宅でくつろがせることができないとき。(他 3)
《世間体》
(例)
・世間体とか感じなくはない。91 歳すぎの入所のため、最後を自宅でと思ったこともある…。(1)
家族の規範意識・役割意識に起因

図 4-11　特養入居者家族が抱く罪悪感に関する自由記述内容と布置

・好きなものを食べさせたいと思うとき。
・自宅でくつろがせることができないとき。

《世間体》

九〇歳を過ぎての入居になったことを周りがどのように思っているのか、世間体が気になりながら、最期まで自宅で過ごせなかったと感じ、申し訳ないと思う家族がいる。

・世間体とか感じなくはない。九一歳すぎの入所のため、最期を自宅でと思ったこともある……。

このように、入居者家族が抱く罪悪感を自由記述からみると、入居前の場面で抱くもの、入居後に抱くもの、さらに、本人の言動に起因するもの、家族の規範意識・役割意識等に起因するものに分けられた。次に、罪悪感を頂く家族が必要とする支援についてみていこう。

第3節　罪悪感を抱く入居者家族の姿と支援の必要性

調査では、介護経験がある者ほど、罪悪感を抱きやすいことがわかった（p<.05）。罪悪感のポイントが高かったのは、子（三五・四％）、次いで配偶者（三三・三％）、子の配偶者（三一・三％）であったが、

それぞれの差はわずかであり、家族の属性と罪悪感の間には相関は認められなかった。同様に、同居経験と罪悪感の間にも有意差は認められなかった。

一方、罪悪感と職員に教えてもらいたいことの関連をみたところ、罪悪感のある家族ほど、職員に教えてもらいたいことがあるとこたえていた（$p<0.01$）。また、他の入居者家族に教えてもらいたいことがあるとこたえている（$p<0.001$）。

さらに、罪悪感を抱く家族を入居後三年ごとにまとめて調査したところ、必ずしも時間の経過とともに罪悪感がなくなるわけではないことが明らかになった（$p<.05$）。さらには、入居後一二年以上経っても罪悪感を持ち続けている家族の存在が明らかになった（図4-9）。

施設内に相談できる入居者家族の有無について尋ねたところ、「いる」と答えたのは二九名（二五・四％）であった。

「他の入居者家族と情報交換したい」という項目については、四八名（四二・五％）の家族が「そう思う」と答えている。家族会への参加状況については、「参加していない」家族が二一名（一八・五％）、「ときどき参加している」四九名（四一・二％）、「毎回参加している」四八名（四〇・三％）という結果であった。

面会の際、安心することを尋ねたところ、職員の挨拶（九二名）が最も多く、次いで、入居者の身体的・精神的状態の好転を感じた時（七一名）、入居者に関して援助者から説明を受けること（七一名）、入居者本人の言葉の確認（四五名）、その他（一三名）であった。

特養入居者家族は、身内の入居前には、もう少し一緒にいられたらと考え、入居後は、自分がお世話できないことを申し訳なく思うことがある。それは、入居者（身内）の言動や自らの役割意識、規範意識によって引き起こされる。こうした罪悪感は、時間と共に消えるわけではなく、一二年以上経っても持ち続ける家族の存在が明らかになった。

そして、介護経験がある家族ほど、身内を施設に預けることに罪悪感を抱く傾向にあった。さらに罪悪感を持つ家族は、職員に教えてほしいことがある。たとえば、差し入れの仕方、認知症の理解、看取り方など、入居者（身内）との関わり方について模索していることがわかった。同様に、他の入居者に聴いてみたいと思う傾向が強かった。職員には認知症の理解等、専門的ケアについて尋ねたいという意向があり、一方、他の家族には、日々の面会の仕方等を聴きたいという違いが窺えた。

いずれにしても、罪悪感をもつ入居者家族は、入居者（身内）と関わりたいと考えているものの、これでよいのか確信が持てずにいる。関わり方は様々でありながら、家族が持つ不安を解消し、家族関係を維持し、継続できる支援が必要となる。その手がかりが、今回の調査から明らかになった。

罪悪感には、自らの行動を修正する側面がある[4]。いわば、入居者家族は、施設入居に伴う罪悪感を緩和しようとするプロセスのなかで、もがいている。罪悪感は複雑な感情を背景にもつため単純ではない。

援助者は、入居者家族が自らの罪悪感を和らげ、身内と良好な関係を維持していくために、主体的な家族関係形成を支援することが重要である。

家族は、日々ケアしてくれている職員が、施設を訪れた際に、挨拶をし、快く迎えてくれることに安心する。職員も、面会の機会をとらえ、家族に安心してもらえるような情報を提供したり、あたたかなケアの姿を見せたりする。家族は、入居者の意欲的な言葉、笑顔、食欲の増加や体重変化等を知り、安心する[5]。

そう考えると、罪悪感を抱く家族を支援することは、むしろ施設入居後の家族関係を主体的に修復し、形成していくチャンスとも考えられる。罪悪感を抱いた家族は、自宅でも介護をしていた経験が多い。それは、自らもっと介護できたのではないかという心残りにつながる。そのため、我々は、面会の場面等を通じて家族をあたたかく迎え、関わりながら、罪悪感を抱いた家族を見逃さず、家族と入居者の関係をささえていく必要がある。そして、入居者、家族とコミュニケーションをとりながら、複雑な心理状態を見極めてささえるとともに、入居者と家族を「結びなおす」ケア、さらには、家族同士をつなぐ役割が求められる。

特養の入居前後で、家族は入居者との関係づくりや自分の役割について、考え、悩み、もがいている。特養の援助者は、入居者と家族をつなぎとめたり、絆を深めたり、家族全体をケアし、エンパワメントする役割がある。援助者もそれをわかって模索してきた。

身内の認知症の症状が進み、日々衰える姿をみるのは、家族としてもつらい。身内に会うことをためらう家族がいてもうなずけよう。本当は入居者（身内）に関わりたいと思いながら、ためらう場合、ちょっとしたささえがあれば関われることがある。

ケアの場が在宅から特養へと移っても、家族関係が維持され、悔いのないように関わってほしい。そのような願いのもと、調査をしてきた。調査は罪悪感を抱えた家族の姿の一端を明らかにしたにすぎない。これからも、援助者と連携しながら、分析を続けていきたい。

■注

1　島田広美、天谷真奈美、星野純子他（2002）「痴呆性高齢者を介護する主介護者の入所サービスの利用に対する思い」『老年看護』33：196-199

2　井上修一（2010）「特別養護老人ホーム入居者家族が抱く迷いと緩和に関する研究」『大妻女子大学人間関係学部紀要』12: 11-20

3　ここでは、G県内の特別養護老人ホーム一二三施設（二〇一三年八月現在）の中で、家族会と相談のもと、家族調査に協力できるという意思表示のあった五施設に対して、質問紙による調査を行った。調査期間内において定例の家族会に参加した二〇八名に対して調査を行った。実施期間は、二〇一三年一二月一日～二〇一四年二月二八日である。調査方法は、自記式質問紙による郵送調査を実施し、回収率は、五九・一％（一二三名）であった。詳細は、次の文献を参照のこと。

井上修一（2016）「特別養護老人ホーム入居者家族が抱く罪悪感と家族支援に関する研究」『大妻女子大学人間関係学部紀要』18: 1-12

4　久崎孝浩（2002）「恥および罪悪感とは何か——その定義、機能、発達とは」『九州大学心理学研究』3: 69-76

5　井上修一（2010）前掲書：11-20

第5章

入居者家族と援助者が考える家族役割

第1節　援助者が入居者家族に期待する役割

ここでの目的は、特別養護老人ホームでの入居者家族の役割が、家族が抱く迷いの背景に関連しているということ、家族自身と援助者（=入居者に直接関わっている援助者：以下同じ）にどのように意識されているか明らかにすること、両者の家族役割意識にどのようなずれが生じているのかを明らかにすることである。家族役割に関しては、Ryan の調査によって、援助者が考える役割と家族自身が考える役割にずれがあることが指摘されている（Ryan 2000a：626-34）。では、どのような点でずれがあるのだろうか。

特定の社会的状況は、そこに関わる個人に対して一定の役割を担うことを求める。特別養護老人ホームにおける入居者家族も例外ではない。入居者家族は、自らが考える家族役割（あるいは援助者が期待していると考える家族役割）を遂行することによって援助者との関係を構築していく。家族の中には、家族役割を忠実に実行することによって、自分の身内に対する援助者のケアがより良いものになると考える者もいる。しかし、家族役割は、家族と援助者の間で明文化され、共通に理解されているものではない。いわば暗黙知としての家族役割が両者に意識化され、遂行されている現実がある。

ここでは、入居者家族と援助者が考える家族役割のなかでも比較的表層的な考えを「役割意識」とし、援助者から家族に求める役割を「役割期待」と捉える。役割をめぐるやり取りは、家族自身が援助者の期待を自己の中に取り入れる行為（「役割取得」）によって「役割認知」と捉えられる。本書では、基本的に、「役割意識」と「役割期待」を対比させながら、最終的に家族が自らの役割として内的に取り入れ、行動化した「役割認知」を射程にいれて論じる。

入居者家族については「親族のなかで、同居・別居に関係なく、面会等を通じて入居者との関わりを持っている者」と捉え、入居者と定期的に関わりを持っている家族に注目する。ここでは関わり（面会）の頻度を特に定めない。

家族は、入居者にとって経済的・社会的・心理的に重要な役割を果たすと思われる者である。施設ケアでは、重要な役割を果たすと思われる親族をキーパーソンと捉え、その人物を中心に家族関係を捉えながら入居者の相談をしていくのが一般的である（坪山 1994：150）。そのため、家族はなんらかの役割を通じて存在しているといっても過言ではない。施設ケアにおいて家族役割を遂行することで、入居者家族は相手の行為期待を含むイメージとして概念化されてきた。その結果、特養の施設長や介護職員は、家族に入居者の精神的ケアを期待する。しかし、現実には家族の面会は期待するほど多くなく、家族への援助役割を期待すればするほど家族への不信がつのってしまうという（笹谷 2001：1024）。

副田は、援助者は「入居者の家族の少なくともある部分は倫理的欠陥（親不孝）、人間性の欠如（人情を知らない）を持つと考え、それを指摘し、改心させることが自らの任務であるとみる」側面があったと述べる（1992：81）。こうした援助者の意識は、施設ケアにおいて入居者家族が必ずしも期待された役割を果たしてこなかったことを意味する。

このような両者の齟齬を生んでいる背景には、単なる親不孝や怠慢な家族（副田 1992：81）の存在だけではなく、入居者をささえながら苦悩や葛藤のリアリティの中にある家族（＝迷いを抱える家族）がいると措定する。

もっとも施設ケアにおいては、多様な価値観をもつ入居者家族が存在する。上野は、当事者にとって何がよいかを代行して決定するのは主として家族であったと指摘する。さらに、家族の利益と高齢者の利益とは、しばしば食い違い、家族にとっては、たとえ身内が縛られても、家に戻さないでほしいというのが最大のサービスになる場合もあると述べている（上野 2005：142）。たしかに、入居者と家族との間に、介護や生活に関するさまざまな方向性や価値観に相違が認められる場合もある。その際、そこには家族がもつ両義性が存在する。このような現象は、家族をどのようなものと想定して実践を行うかということ自体がケアサービスにおいて多様であることを意味する。

施設ケアにおける入居者家族の役割については、家族役割に関する先行研究が援助者主体（役割期待）の議論であったということと、入居者家族に何ができるのか、どんな関わりをしたと思っているのか家族自身の言葉で語られてこなかったということがある（副田 1992 : 81）。ここでは、施設ケアにおいて家族が期待される役割の明確化、特に家族による意識と援助者による意識の比較を通して、役割意識のずれを検討した。また、家族の役割意識が自身の迷いの背景としてどのような影響を及ぼしているかを検討した[1]。

調査カテゴリーとしては、先行研究から有意味と思われる5つのカテゴリーを措定した。

①「規範意識」
②「運営サポート的役割」
③「代弁者的役割」
④「情緒的サポート役割」
⑤「評価者的役割」

規範意識については、それぞれの家族が自らの行動を規制する家族役割モデルを形成することと捉える。具体的には、入居者家族が「施設の援助方針に従わなければならない」と考えるかどうか、「少々言いたいことがあってもがまんしなければならない」と考えているかどうか、「援助に対して口を出すべきではない」と考えているかどうか、「すべてお任せすべき」と考えているかどうかという点について尋ねた。

運営サポート的役割については、入居者家族が「ボランティアとして施設運営を支えなければならない」と思っているかどうか、「行事をサポートするのは入居者家族の役目」だと思っているいかどうか、「入居者（身内）の外出や散歩の手助けは、入居者家族がやるもの」だと思っているかどうかについて尋ねた。

代弁的役割については、入居者家族が「入居者（身内）の思いを把握してそれを施設に伝える役割がある」と考えているかどうか、「入居者は、自分の意思を職員に十分伝えられている」と思っているかどうか、「職員は入居者（身内）の代弁者」だと思っているかどうかについて尋ねた。

情緒的サポートについては、入居者家族が「施設に面会に来ることで、入居者（身内）の情緒的な安定を図ることができる」と考えているかどうか、「入居者の心理的安定を支える役割が、入居者家族に期待されている」と考えているかどうか尋ねた。

評価者的役割については、入居者家族が「施設サービスの評価者としての役割がある」と考えているかどうか尋ねた[2]。

援助者調査に関しては、入居者に直接関わっている方にお願いした。

援助者は、家族が考えるよりも、入居者が自分の意志を十分伝えきれていないと考えていた。それは、自由記述のなかでも窺い知ることができる。

援助者が家族に期待する役割を自由記述のなかで見てみると下記の項目（表5-1）が明らかになった。最も多かったのは「面会の回数を増やして欲しい（55）」であった。

具体的には下記のような回答がみられた。

「面会に来ていただくことが一番だと思っています。それがあると、職員とのコミュニケーションも多くとることができますし、本人さんの精神の安定をはかることもできます。時には職員の対応の悪さを指摘されることもありますが、施設は外部の方の出入りが少ないと態度や言葉づかい等悪くなりやすいところがあるためそういったご指摘が大変ありがたく思います。」

「家族の方がみえることで、入居者の方のいい表情もみれるしいいと思う。」

「職員が入居者の食事介助・排泄介助は援助することができても、家族にはなれない（家族の絆は深い）為、面会などで顔を見せるだけでもしたら良いと思います。」

「家族のきずなという点におきましては、職員は立ち入ることができません。入居者におきましては、面接に来て頂けることが何よりの幸せであると思います。」

このような記述からは、援助者は家族と入居者の関わりを求めており、その中身としては、家族の絆を保ちながら入居者の精神的安定を図る目的も感じ取れる。

次に多かったのが、「入居者の方の生活歴・情報を教えてほしい（9）」という項目であった。具体的には下記のような回答がみられた。

「入居者の方が昔どんな方だったのか、昔の生活歴を教えたりすること（どんなことが好きなのか等）。」

「援助者では吸い上げられない要求が必ず入居者にはあると考えています。家族の方ならではの入居者のクセ、家にいた頃の習慣の話をしてほしいと思います。」

「入居以前の情報（既往歴や生活や生活歴など）を正確に伝えて欲しい。」

「入居者の情報（家庭内の生活環境等）を的確、詳細に頂きたい。」

「入居者様に安心、安楽な余生を送って頂ける様に、家族様と援助者間とで連絡を密にし、入居者様の現状にあった介護サービスが提供出来るように理解、助言等頂けるとありがたいと思います。」

表 5-1　援助者が入居者家族に期待する役割（自由記述）

- 面会の回数を増やして欲しい（55）
- 入居者の方の生活歴・情報を教えて欲しい（9）
- 行事などに協力して欲しい（7）
- 心の支え（7）
- 定期的な外泊・帰宅などの支援（5）
- 衣替えなどに関わって欲しい（3）
- 関心をもってほしい、気にかけて欲しい（3）
- 連絡をとれるようにして欲しい（3）
- 家族としての関わりをもって欲しい（3）
- 通院・入院への付き添い（3）
- 入居者の立場にたって物事を考えて欲しい（1）
- 家族の責任も理解して欲しい（1）
- ケアプラン作成に関わって欲しい（1）
- 金銭面での支え（1）
- 施設運営に関わって欲しい（1）

このように、面会を通じて何らかの関わりや情報交換を求めていることが窺える。援助者としてはそれぞれ家族からの情報提供を期待している。また、援助者は家族の面会を強く希望している。そこには、入居者への情緒的な支えとともに、家族との情報の共有化を含めて、一緒に入居者を支えていきたいという協働的援助関係構築への可能性を感じ取ることができる。いわばこの調査結果は、面会の回数だけでなく、何をめざして、何を行うかという、家族関与の中身を援助者とのパートナーシップの視点から吟味する必要性も同時に提起している。

以下は、「行事などに協力して欲しい（7）」「心の支え（7）」「定期的な外泊・帰宅などの支援（5）」「衣替えなどに関わって欲しい（3）」「関心をもってほしい、気にかけて欲しい（3）」「連絡をとれるようにして欲しい（3）」「家族としての関わりをもって欲しい（3）」等と続いた。

第2節　入居者家族と援助者が考える家族役割の相違

ここでは、入居者家族と援助者が考える家族像について調査を実施し、両者の比較をして齟齬の有無を明らかにする。両者の意識の比較（平均値）をした結果、家族役割として措定した一四項目のうち一一項目で有意差が見られた。

共通していたのは、家族は入居者の情緒的安定を支える役割があると考える点であった。その他、入居者家族と援助者の役割意識のずれを検討した結果、特に次の三点で有意な差がみられた。以下、両者の差についてみていこう。

（1）規範的側面

家族は、援助者が考える以上に規範意識（施設に任せるという意識、家族は口を出すべきではないと言う意識）が強かった（t=10.386、df=390.888、p<.001）。一方で、援助者は、家族がもっと施設ケアにアイディアを出してもよいと考えている。

（2）運営サポート的側面

運営のサポート的役割について、家族自身が、自らの役割について施設運営を支えることとして援助者以上に強く意識していた（t=5.373、df=310.999、p<.001）。

（3）評価者的側面

「入居者家族は、施設サービスの評価者としての役割がある」かについて意識のずれがあるか調べたところ、援助者の方が「そう思う」と答える傾向が高かった（t=-4.364、df=269.386、p<.001）。

これらの役割意識のずれは、「家族にしかできない役割」を基準としているかどうかが根底にある。調査では、「入居者への援助においては、入居者家族にしかできないことがある」と思うかという問いにおいては、両者の間に有意差がみられた（t=-13.658、df=315.172、p<.001）。入居者家族としては、入居者の情緒的安定を図ることや代弁、施設サービスの評価者としての役割を意識しているが、家族の役割を援助者が代替できると考える傾向がある（t=8.224、df=364.755、p<.01）。こうした考えは、家族の規範意識（施設に任せるべきという意識）として結実し、援助者との間でずれを生じさせていたと解釈できよう。家族役割に対する意識のずれが入居者家族と援助者の関係に影響を与えていることが

わかる。

こうした、家族役割の独自性、代替性の議論の背後には、血縁を基本とした関わりと職業を基本とした関わりの絶対的な違いがあると推察された。家族役割の代替性については、家族は援助者に対して職業的な立場での期待をし、援助者は家族に対して血縁的な立場への期待をしていると窺える。この点で両者の家族役割に対する意識の立脚点が異なる。しかし、家族役割の独自性・代替性という視点においては、血縁的立場と専門職的立場という立場の違いが捨象され、相手に役割を期待していることが意識の差につながっていると推察された。また、援助者は、家族が面会に来ると入居者（身内）の表情が違うと感じる。そこには、誰が役割を担うかと同時に、その入居者家族でなければならない必然性を見出すケアが問われているということとも言える。いうなれば、援助者は、家族の記憶や経験は共有できても代替はできない。家族役割には、専門職が代替可能なものと不可能なものがある。施設ケアにおける家族役割を考えた場合、家族と本人の中でこそ成り立つ関わりが大事であり、その役割を見出していく支援が求められる。

第3節　入居者家族が抱く役割認知と迷い

施設ケアにおける入居者家族は、キーパーソンとして捉えられるように、援助者にとって何らかの「役割」を期待された存在である。今回の調査によって、「役割」意識の強い家族ほど、「迷い」の意識が強いことがわかった。積極的に関わりたいと思っている家族ほど、迷いを抱える傾向が明らかになった[3]。

まとめると、迷いの背景要因としては下記の四項目をあげることができる。

①積極的な関わり意識

②規範意識

③他の入居者への遠慮

④家族役割意識の不明確さ

入居者家族の役割認知と援助者の役割期待とのずれは、これまで、入居者家族と援助者の相互作用のあり様が踏み込んで記述されてこなかったことの裏返しと言える。いわば、インフォーマルサポートシステムとしての家族とフォーマルサポートシステムとしての施設ケアが共存しきれていない現状があると判断できよう。

調査を通して家族と援助者ではそれぞれが考える家族役割意識にずれがあることが明らかになった。援助者側としては家族に勝るものはないという思いがある。家族としては、「全て施設にお任せすべき」という規範的意識が強い。この点で両者の家族役割意識にはずれが見られた。

さらに、家族役割の代替性の点で両者の間にずれがみられた。援助者が家族に対して期待する最大の役割は、面会によって入居者の情緒的安定を図ることである。両者とも面会によって入居者が情緒的に安定することは意識しているものの、家族の役割を援助者が代替できるかどうかについては、両者に意識のずれがあった。家族は、援助者が家族役割を代替できると考え、援助者はその割合が低い。家族役割の代替性については、家族は援助者に対して「職業的な立場からの家族役割」（職業的家族役割）を期待し、援助者は家族に対して「血縁的な立場での家族役割」（血縁的家族役割）を期待していると推察できる。

このように、家族役割の内実に互いが何を込めているかで判断が分かれる。しかし、両者の間で家族役割が十分共有されてこなかった。この点で両者の家族役割の代替性に対する意識のずれが生じていると考えられる。このずれは、時に入居者家族の規範的意識（ケアを施設に任せて口を出すべきではないという意識）とも結びつきながら、面会に来ない家族としての誤解につながったり、面会に来ても何をして良いかわからないまま足が遠のくことで、迷いに発展したりする要素を含んでいると考えられた。これら役割をめぐるずれは、家族が、援助者の期待に応えようとし、行動した結果であったとも捉えられる。しかし、家族が施設ケアのなかで行う行為は、必ずしも確信を持ったものではなかった。このような点から、家族が抱く役割認知と迷いの間に関連性があるという仮説が支持されると言えよう。

介護保険制度による「介護の社会化」の進展は、家族機能の外部化とともに、その一方で「家族に何ができるのか」という極めて現実的な問いを投げかけた。家族が介護するより専門家に任せた方がよい、施設は専門家がいるからそこに預けたらいいという議論は、時に入居者を家族システムから切り離してケアすることにつながる。「介護の社会化」や「家族機能の外部化」が進むいまこそ、施設ケアにおける家族が持つ「存在意義」や「役割」を捉え直す必要がある。そのうえで、家族役割に関する認識のずれを埋める試みが求められる。迷いを抱えながら入居者を支える家族とその家族を理解しきれないでもがいている援助者にとって、お互いの役割を融合させていく時がきている。

■注

1　本調査は、G県内の特別養護老人ホーム九施設：六一〇名の入居者家族を対象に自記式郵送調査を実施した。調査期間は、二〇〇五年一月一四日~三月二一日である。回収率は、五一・六%（三一五人）であった。調査対象者は、G県内の特別養護老人ホームのうち、家族会をもち、なおかつ家族調査に協力するという意思表示のあった施設の家族である。

詳細は下記の文献を参照のこと。

井上修一（2007a）「家族役割をめぐる入居者家族と援助者の意識のずれ――A県の特別養護老人ホームにおける苦情解決調査をもとに」『社会福祉士』（14）日本社会福祉士会：117-123

2　本調査では、仮説として以下の二点をあげ議論を進めた。

①入居者家族の役割意識が迷いの感情の背景要因の一つである

②入居者家族自身も入居者との関係づくりの点でサポートを必要としている

3　迷いの意識については、「身内を施設に入居させたことについて『これで本当に良かったのか』と思うことがある」か尋ねた。

迷いと積極的な関わり意識との関係をみるため相関分析を行った。その結果、両者の間には正の相関が認められた（r=.179**　p<.001）（r=.138*　p<.05）。

積極的な関わり意識を計る設問として「入居者（身内）の身体的ケアに関わってみたいと思う」かという項目を設定した。積極的に関わりたいと思っている家族ほど、迷いを抱えているということがわかった。この結果から、身内を施設に預けながらも、さらに積極的に関わってみたいという家族の姿が浮き彫りになった。

第6章

入居者家族に対する職種間の役割期待の相違

第1節　入居者家族に関わる援助者の姿

施設ケアにおいては、援助者と入居者家族との相互行為のなかで、相手の行為期待を含むイメージとして概念化された家族像がある。先行研究においても、入居者家族が施設ケアの営みの中で存在意義が付与され、何らかの役割を期待された。

しかし、この場合の援助者の姿は明確ではない。施設ケアでは、多様な職種が、多様な視点で入居者や家族へのケアを提供している。入居者家族に関わる援助者は、生活相談員、介護職員、看護職員等さまざまであるが、それぞれの専門職が期待する家族像（役割を含むもの）は分野ごとに論じられていることが多い（橋本 2006：22-39, 新井 2006：40-57, 小村 2006：81-101）。

施設ケアのなかでは、介護職員が入居者と接する時間がもっとも長い。介護職員は身体的ケアを通じて多くの情報を得る。そして、知り得た情報を他の専門職と共有することで、各専門職が共に専門性を発揮することができる。その一方、高齢者ケアの場での介護職員と看護職員の視点の違い（連携の難しさ）が報告されている（小村 2006：92-101）。それはある意味当たり前の現象であるが、施設ケアにおいて家族支援を取り上げるうえでは、それぞれの専門職が、家族にどのような役割を期待し、職種間においてどのような意識の相違がみられるかを明らかにすることが、質の高い家族支援にとって不可欠といえる。

そこで本研究では、特別養護老人ホームの直接的援助（介護・相談等）に関わる職員（常勤・非常勤・パートも含む）に対して、入居者家族等に対する意識調査を行った[1]。

分析対象としては、生活相談員、介護担当職員、看護師をとりあげた。それぞれ、生活相談員を福祉系（主に相談を中心に関わる職種）、介護担当職員を介護系（介護中心に関わる職種）、看護師を看護系（看護を中心に関わる職種）と捉えて、入居者家族に対する意識の違いを比較した。

職種の割合としては、「介護担当職員」（七三・二％）が最も多く、ついで「看護師」（一一・六％）、「生活相談員」（六・三％）の順であった。勤務形態としては、「常勤」が八五・五％、「非常勤」が〇・八％、「パートタイム」が一三・七％であった。取得資格については、「介護福祉士」（四一・一％）と「ホームヘルパー」（四一・一％）が最も多く、ついで、「看護師」（一二・四％）と「ケアマネジャー」（一二・四％）が多かった。「社会福祉士」（三・一％）の割合は低かった（表6-1）。福祉職に従事してからの経験年数は平均六・六五年であった。当該施設での従事年数は平均五・一九年であった。

第2節　援助者が入居者家族との関係づくりにおいて抱く悩み

これまでの調査結果から、職種間での共通理解の難しさ、さらには、援助者も入居者家族との関係づくりについて悩んでいる現状がわかった。援助者が抱く悩みについては、家族に期待する役割と現状とのギャップに起因すると推察されるため、援助者調査での自由記述をもとに、援助者が考える入居者家族との関係づくりでの悩みを分析していく。

援助者に対して、入居者家族との関係づくりの悩みについて尋ねたところ、最も多かったのは「家族の思いを知りたい・話し合い、情報交換の場をつくりたい」（20）であった。以下、面会に来て欲しい（6）、関心をもってほしい（6）、家族による認識の差（4）、金銭に関する問題、家族が年金を管理して利用料が滞りがち（3）、家族の思いと入居者の思いのギャップ（3）、施設を病院だと思っていること（2）、一方的な家族がいる（1）、家族の要望に応えられない（1）、行事に参加して欲しい（1）、その他と続いている。

最も多かった「家族の思いを知りたい・話し合い、情報交換の場をつくりたい」（20）の回答は下記のとおりであった（以下、典型的な回答を提示する）。

「家族と職員の間で情報の交換をもっとするべきだと思う。面会に来られても職員に声かけすることなく帰って行かれる人もおられるので職員からも声かけをしたい。」（傍線は筆者。以下同じ。）

「何を望まれているのか、何を聞きたいのか申し出て頂きたい。」

「常に情報交換し、入居者さんとの信頼を作っていく」

「面会や家族懇談会等の機会にしか話しをさせて頂く時がないため、利用者様の現状についてあまり理解して頂けていない様に思います。もう少し話しをする機会があれば、利用者様の現状、職員の思い、家族様の思い等理解しあえるのではないかと思います。」

「家族の方とゆっくり話をする時間があるとよいと思います。家族の方が気楽に思っている事を話せるような雰囲気作りができればと思いますがむずかしいです。」

「家族と常に連絡を取り合い、お互いの考え、家族の希望に合った介護・看護にあたる。」

「ご家族との話し合いの場をつくる。」

以上の回答から、援助者が入居者家族と十分にコミュニケーションがとれずに悩んでいることが窺える。援助者が入居者家族に求める関わりは「入居者に関する情報交換（家族と援助者の相互の情報提供）」と「家族の思いを知りたい」の二点に集約できる。それだけ、入居者の情報を得たり、現状を伝えたりすることが難しいということであり、家族と援助者間の意思疎通が難しいということが窺える。

次に多い、「面会に来て欲しい」(6)では、

「施設に預けたらそれで良いのではなく、もっと関わりをもってほしい。一ヶ月の定期受診など、引率して頂き入居後の状態を把握してもらえるとありがたい。老人ホーム=病院と思っている人が多く見えるためか。」

「もっと家族の方に面会に来て頂きたい。あずけたら(入居させたら)あずけっぱなしでターミナルに入っても、面会にこられない家族が多すぎる。」

「家族の面会が入所が長い人ほど少なくなっている。」

「家族とのやり取りのためのノートがあるのですが、あまり面会に来て頂けないので、信頼関係づくりができないのが悩みです。」

以上の回答をみると、施設に来て欲しいという切実な願いが窺える。これも先の「家族の思いを知りたい・話し合い、情報交換の場をつくりたい」と同様に、面会に来ることで援助者との関係の深まりを期待する回答と、入居者ともっと関わってほしいという期待が読み取れる。

次に多い「関心をもってほしい」(6)では、

「入所者の身体の状況や心の不安に関心をもってもらいたいと思います。生活は施設のなかであっ

ても、今までの生活をなつかしんでおられる方もおられますので、時々の連絡や行事の参加でもいいので、時間の許す範囲でかかわって頂けると嬉しく思います。」

「連絡をしてもなかなか来てくれない（緊急時以外のことで）。」

「入居者本人のことをもっとよくわかってほしい。」

「施設に入居したことによって無関心になってほしくない。」

右の回答をみると、援助者は、家族が入居者（身内）に対して関心が薄いと考えている。関心が薄いと感じる家族の行動には、援助者が連絡しても来てくれない（来て欲しい）、関わってくれない（関わって欲しい）という期待が窺える。

次に多いのは、「家族による認識の差」（4）で、

「毎日熱心に来園されるご家族と、顔さえ見たことのないご家族とのギャップがあり、すべて同じような信頼関係づくりができないことが困ります。」

「家族が近くにいる方、親族が多い方の面会に比べ、独り身の方、遠方に子どもがいらっしゃるかたはさみしい感じがする。」

「たまにしか面会にみえない家族の方で、入居してみえる方のADL低下、認知症の進行など、私たちの介護の仕方が悪いからだと思ってみえる。どう説明するべきか、理解して頂けるか難しい。」

「家族関係の希薄なところは困っている。本人に必要なものの購入など、すぐに出来ない。本人の体調悪化等についても、細かい連絡打ち合わせができない。しかし、ダメでもともとという気持ちで何度でもアプローチを繰り返し、以前より面会を一度でも多くきてほしいという気持ちでやっている。」

右の回答をみると、面会の頻度（熱心な家族ほど面会に来るという理解）が一つの判断基準となっており、家族間に面会の頻度の差があることへの懸念と、どの家族に対しても今以上に面会に来て欲しいという期待が読み取れる。

これ以降は、「金銭に関する問題、家族が年金を管理して利用料が滞りがち」（3）、「家族の思いと入居者の思いのギャップ」（3）、「施設を病院だと思っていること」（2）、「一方的な家族がいる」（1）、「家族の要望に応えられない」（1）、「行事に参加して欲しい」（1）、その他と続いている。

施設に来ない家族の背景には、これまでみたように援助者への遠慮、面会に来られるのであれば在宅でみれるのではないかと思われることへの懸念など複雑な感情がある。その一方で、面会に頻繁に訪れる家族においても、預けたことへの罪悪感や後ろめたさを償う意味で来ている場合もあるため、面会の多寡によって家族関係を判断することは必ずしも適切ではない。面会の背後にある事情をつかむことで、家族支援の質はさらに高まるといえよう。

本研究では、関わりを控えることの背景に、入居したからには援助者に全てお任せすべきで家族は口を挟むべきではないという家族自身が規範意識を形成している場合が明らかになった。そのことは、時に「お世話になっている」といった申し訳なさや遠慮して言いたいことが言えない家族を掘り起こす必要性を提起している。

さらに、これまで家族が面会に来る意味までは問われていないことが窺える。家族は施設に来て何をし、何を思うのか。その点に着目することで、面会を通じた家族関係支援が可能になると考える。本書では、迷いを抱えながら入居者を支える家族に焦点を当てて論じた。面会の捉え方が、家族の熱心さを評価することにのみに矮小化されてはならない。面会を巡る現実を家族の目線で彫り上げることに、施設において家族の絆を保つ手がかりがあると言えよう。

内閣府が報告した「高齢者の生活と意識に関する国際比較調査」（平成一八年）では、別居子との交流頻度を見ると「月に一～二回以下」（五三・二％）の割合が多くなっている。

我々の調査では、内閣府の高齢者世帯に対する調査結果と比較して、特養の入居者家族の交流頻度（平均：月三・三回の面会数）の方が上まわっていた。しかし、援助者調査の自由記述からも窺えるように、援助者は家族の面会を強く希望している。そこには、入居者への精神的支えとともに、家族との情報の共有化を含めた協動的援助関係構築への期待が窺える。調査結果は、面会の回数（援助者が期待する家族役割）だけでなく、家族が面会で何を思い、そこで誰と何を行うかという、家族支援の視点からも面会の中身を吟味する必要性を訴えている。

第3節　入居者家族に対する職種間の役割期待の相違

入居者家族との関わりを論じるにあたって家族と援助者の意識のずれが注目されてきた（神奈川県指導員研究部会 1991：24-47）。しかし、家族支援においては、家族だけに焦点を当てるのではなく、援助者の視座や行動にも目を向ける必要がある（Pillemer 2003：97）。

まずは、援助者が家族に期待する役割をあげると、平均得点が高い順に、

①入居者の情緒的安定を図る役割

②評価者的役割

③代弁者的役割となっていた。

一方、入居者家族は、自らの役割を、

①入居者の情緒的安定を図る役割

②代弁的役割

③評価者的役割の順で捉えていた。

入居者家族、援助者に共通するのは、ともに家族役割の中核を「入居者の情緒的安定を図る役割」と捉えていることだ。それが確認した上で、両者の差異を確認したところ、違いが見られた。援助者全体としては、家族に対して施設サービスの「評価者的役割」を期待する。それに対して、家族

は「代弁的役割」をあげていた。両者の違いは微妙でありながら、大きな違いを示している。それは、家族が本人の情緒的安定や代弁を自らの役割の中心と考えている点にある。まさしく、家族が本人と関わる局面に力点を置いていると推察された。

次に、入居者家族に対する職種間の役割期待の相違について検討していきたい。新井は、専門職同士の協働に関して、他職種の職能の範疇を認め合うことなく、専門職同士が不一致をおこしていた経験を報告している（2006：56）。そこでは、福祉職と医療職との協働の難しさが報告されていた。同じ施設で働いているにもかかわらず、専門職同士の協働が難しいのはどのような相違があるからなのか。ここでは、生活相談員、介護職、看護職の三者に注目しながら、三者が共通して家族役割をどのように捉えているか、さらに、職種間での意識の違いについて調査結果をもとに論じる。

入居者の代弁的役割について、生活相談員、介護職員、看護師（職種間）による影響を分析するため共分散分析を行ったが、有意差はみられなかった。

加えて、入居者家族に対する職種間の役割期待の違いをみるために分散分析を行った結果、規範的意識において有意差がみられた（F（2,108）=4.201 ,p<.05）。「入居者家族が施設の援助方針に従うのは当然だと思う」かという問いに対して、介護職員および看護職員は、生活相談員と比較してそう思うという傾向が強いことがわかった。「入居者家族が施設の援助方針に従うのは当然だと思う」かという問いに対して、「そう思う」「どちらかと言えばそう思う」の両者を合わせて四八・八％という回答であった。それに対して、「どちらかというとそう思わない」「そう思わない」と回答した者が

五一・三％と若干上回った。

また、ボランティアとして施設を支える役割においては、六六・七％の家族が自らの役割と捉えているが、援助者の三四％が家族にボランティアの役割を期待していた。これも援助者と家族の間に意識のずれがあるが、職種間による意識の違いを分析するため分散分析を行った。その結果、生活相談員および介護職員（福祉系職員）と看護職員（看護系職員）の間に有意差があり、「入居者家族は、ボランティアとして施設運営を支えなければならないと思う」かという問いに対して、看護系職員は、福祉系職員に比べてそう思うという傾向が強いことがわかった。さらに、「入居者家族は、ボランティアとして施設運営を支えなければならないと思う」かという問いに対しては、「そう思う」三二・二％（四人）「どちらかと言えばそう思う」二九・八％（三七人）の三四％が家族にボランティアの役割を期待していた。

援助者が期待する家族役割に関して、その役割の代替性について分析した結果、生活相談員と介護職員・看護職員の間で有意差がみられた（F（2,106）=3.258 ,p<.05）。「職員は、入居者家族の役割を代替できると思う」かという問いに対して、生活相談員よりも介護・看護職員の方が、援助者が家族役割を代替できるという意識が強かった。それは、家族が担ってきた介護や医療的ケアの代替という意味合いが強いと思われた。一方、生活相談員の業務は、身元引受人としての家族と契約や情報共有の場面に関わるため、当然、代替性という意識は低い。

これまでの分析結果から、家族に対する職種間の役割期待の違いが明らかになった（表6-1）。表

表6-1　入居者家族に対する職種間の役割期待の差

	生活相談員	介護職員	看護職員
規範的側面		＋	＋
サポート的側面			＋
代替的側面		＋	＋

をまとめるにあたり、有意差がみられた職種において、項目ごとに「＋」を記入した。

看護職員に関しては、入居者家族に対するサポート役割の期待（サポート的側面）が他の職種と比べて高いことがわかった。さらに、入居者家族が施設の援助方針に従うのは当然とする意識（規範的側面）も高いことがわかった。この傾向は、明らかに生活相談員および介護職員の視点とは異なる。この視点の違いは家族支援における職種間の連携においては、大きな違いとなる。各職種が担当する業務内容の違いが、家族に対する役割期待の差として現れたと考えられた。家族支援を援助者同士が協力して行う際、職種間の視点の違いをすりあわせておくことが必要だと言えよう。

分析結果から見えてきたことは、家族役割に関する考えが、職種間で異なるということだ。生活相談員と介護職員と看護職員という三者の比較によって、職種間での家族に対する意識の違いが明らかになった。この意識の違いは、施設ケアのなかで家族支援を行う際の援助者側の課題（共通理解をすること）としてあげることができる。

生活相談員は、入居の際の契約や説明、入居者・家族との面接など、主に面接業務に携わる。その一方、看護師は、入居者の医療的ケア（服薬や褥瘡のケア等）や健康管理（疾病の発見や予防等）を中心に行っている。両者が家族に期待することは、専門的な業務を背景にしたものであるため、ずれがあって当然と考えられる。しかし、家族に対する役割期待に差があることを自覚しているかどうかは、家族支援の成否や職種間の協力関係に大きく影響すると推察できる[2]。

このようなデータからも、家族支援においては職種間での細やかな意思統一が不可欠であり、職種と局面ごとの共通理解が求められる。

■注

1　調査対象は、G県内の特別養護老人ホームの八施設（二八九人）である。実施期間は二〇〇五年一二月一日～一二月三一日である。調査方法は、自記式質問紙を用いた郵送調査を実施し、回収率は四四・六％（一二九人）であった。回答者は男性が約二割、女性が八割の比率であった。回答者の平均年齢は三七・九八歳であった。詳細は、次の文献を参照のこと。

井上修一（2006）「岐阜県内の特別養護老人ホームにおける苦情解決制度の現状と課題2――苦情表明行動にみる利用者家族の姿とその支援」『中部学院大学・中部学院大学短期大学部研究紀要』（7）：113-126

2　職種間の意識の差については、次の文献を参照のこと。

井上修一（2007b）「特別養護老人ホームの利用者と家族の関係維持・支援プログラム構築に関する研究」『平成一七～一八年度科学研究費補助金（若手研究（B））研究成果報告書』。

第7章

入居者家族への支援方法

第1節　施設ケアにおける家族支援の課題

(1) 支援を必要としている家族の存在

これまでの家族支援の課題をあげるとすれば、行事への参加、面会の数、施設による家族会の設立が議論の中心となり、家族の迷いの感情の把握が含まれていなかった点にある。つまり、施設ケアにおいて家族を支援するという行為は、まずは家族がどのように関わりたいかを把握することから始まる。その際、家族の迷いを把握し、緩和しながら、入居者と家族が施設のなかで家族関係を維持し、お互いが悔いのないように向き合えるように支援する。その支援方法が議論されてこなかった点が課題として指摘できる。

迷いを抱える家族への支援においては、家族会も重要な役割を果たしてきた。しかし、家族会への男性の参加者が少ないことや、入居間もない家族（ある意味最も支援を必要とした家族）ほど、関わりが薄いこともわかっている。さらに、家族会に期待された役割の多くが行事のサポートであることを考えると、必ずしも家族同士の感情の吐露の場として機能していないことが窺える。実際、我々が行ったグループインタビューでも、施設での行事が入居者を中心に行われるため、家族同士で日頃の悩みを話す機会はないという発言があった。

というのも、入居者家族は、施設ケアという営みのなかでその存在意義を付与されてきた経緯があるからだ。ケアに従事している人々は家族を援助機能の観点から理解しようとし、その具体的な方法に関心を寄せる。種々の現実的制約の中でより充実したケアを考え、そのために協力者を最も身近にいる家族に求めるのは当然のことと言える（木下 1997：183）。そのため、援助役割のもと、従来から面会に来ない家族への批判があった。それは、家族に期待された援助役割を遂行しない者として、援助者の側から価値付けられた家族観と言える（副田 1992：81）。しかし、面会を重ねる家族にも、身内を預けたことに対する申し訳なさや引け目を償うことが背景にあるなど、単に面会の多寡によって家族状況を判断するのは適切ではないことが判ってきた。調査では、入居者家族においては、職員に気兼ねして面会を控える家族、「面会に来る時間があるなら自宅で面倒がみられるのではないか」と指摘されるのをおそれている家族、面会を重ねながらも入居者（身内）にどのように接して良いかわからないでいる家族、入居者（身内）の老いを受けとめきれないでいる家族など、さまざまな迷いを抱える家族がいる。

施設ケアの家族支援の課題は、入居者を「援助する家族」として位置づけてきた点にある。実際は、家族も迷いを抱え、援助を必要としていた。

(2) 家族が抱く迷いとその背景にある家族役割

一方、家族を入居者支援上の資源として捉える考え方に対して、家族もまた支援の対象だと見なす考え方が提示されるようになってきた(Cox=1997, 深掘 2005, 畠中 2003, 畠中 2006, 杉澤 1992)。

多くの施設で家族に対して行われる家族支援は、家族会の開催、行事への参加、家庭訪問、面会時の面接等である(稲垣 2001：64)。これらの活動に対して、Pillemer は、多くのプログラムが、家族だけであったり、個別の面接や家族会の支援に焦点を当て、援助者の視座や行動に向けられてこなかったと指摘する(Pillemer 2003：97)。

在宅ケアにおいては「家族にできないこと」を施設が支えていたのが、入所をきっかけに「施設にできないこと」を家族が消極的に支えるようになっていく。それは、身内を支える主体であった家族が、施設ケアによって客体化されていくプロセスにほかならない。入居者家族が施設ケアにおいて客体化される過程で「迷い」(苦悩や葛藤を含む精神的に不安定な状態)を抱え、それを解消できないでいた。実際に家族のおかれた状態から明らかになるのは、精神的不安を抱えながら入居者を支える家族の姿である。

家族支援を論じるにあたって、行事の参加や面会の機会を増やすことを推奨することが全てを解決するとは限らない。つまり、入居者（身内）と関わりを持ち、あるいは持とうとする家族が、どのような感情を抱いているかについて把握することがなければ、時に援助役割のみを期待された家族が迷いの感情を深めることになりかねない。

本研究の特徴は、これまで行事への参加や面会の数で計られていた入居者家族の姿を、その背景にある迷いの感情の把握と緩和によって捉えた点にある。入居者家族は、「身内（家族）を施設にお願いして良かったと思う」かという設問に対して九七・四％の家族が「そう思う」「どちらかと言えばそう思う」を選択している一方で、「身内を施設に入居させたことについて、『これで本当に良かったのか』と思うことがある」かという問に対して、四六・九％の家族が、「そう思う」「どちらかと言えばそう思う」を選んでいる。このデータは、施設ケアへの満足度が高い一方、施設入居に対して迷いを抱えていると理解できよう。このような迷いの姿はこれまでほとんど議論されることはなかった。それは、入居者家族が、苦情や要望などの意思表出を抑制する傾向（＝家族のためらい）があることに起因する。しかし、迷いの背景にどのような意識があるかは十分議論されてこなかった。本研究では、家族は、本当は援助場面に関わってみたい（援助場面に立ち会ってみたり、援助に対してアイディアを出したり、評価したり等）という思いを持っていること。また、自分の役割を入居者の代弁者、施設ケアの評価者として捉え、家族にしかできない役割（家族役割の独自性）があると考えていること（＝家族の積極的な関わり意識）。しかし、家族は、身内の入居後は援助者に全て任せるべきだという規範的家族モデル（規範意識）を形成する傾向にあり、援助者が家族の役割を代替できると考えることがあること（＝家族の消極的な役割意識）。このような意識を持ちながらも、入居者の外出のサポートや行事のボランティアなど、施設運営の場面において自らの役割を見いだそうとしていることが窺えること（＝施設運営における家族のサポート役割）などを明らかにした。

施設ケアにおいて入居者家族は、自らの役割意識や行動に対する不安・悩み・葛藤等を感じている。これらの総体を本研究では「迷い」と捉え、その姿を特定化するとともに支援可能なものとすることを試みた。

さらには、迷いを抱える家族を誰が支援するのかという主体の議論が十分ではなかった。本研究では、援助者のなかでも、生活相談員、介護職員、看護職員の家族に対する役割期待に差があることがわかっている。つまり、援助者を総体的に捉えるのではなく、生活相談員、介護職員、看護職員が、視点の違いをもちながらどのような場面で家族支援に関わるかを議論する必要がある。加えて、援助者が担う課題と家族会のようなセルフヘルプグループが担う課題は質的に異なる。当事者同士による相互支援関係を家族支援のなかに位置づけていく必要がある。

第2節　入居者家族が抱く迷いの表出と共有の環境づくり

（1）入居者家族の迷いを把握することの必要性

多くの入居者家族は、自身が抱く葛藤、面会の仕方、入居者（身内）が身体的および精神的な力を失っていくことに対処していくための援助等、これらのニーズをどのように表現したらよいかわからないでいたり、あるいは自分たちもこれらのニーズに対処していくに当たって援助を受けることを知らないでいたりする（Cox＝1997：272-3）。

現在、家族の思いを受けとめる仕組みの一つとして苦情解決制度がある。東京都国民保険団体連合会がまとめた調査によると、二〇一七年度に東京都、国保連、区市町村が受けた介護保険サービスに関する苦情数は三〇三六件であった。全体的な苦情の申立人としては、家族からのものが四六・八％と最も多かった（東京都国民保険団体連合会 2017）。しかし、施設の苦情解決責任者・受付担当者に苦情解決制度の課題を尋ねたところ、「入居者・家族の遠慮、言いやすい環境づくり」（自由記述）等に触れる回答が最も多かった。具体的には、「苦情や不満が表面化しにくい」「問題があるとしても、なかなか苦情としてあがってこない」「入居者及び家族が遠慮してしまい、苦情に発展するケースがまれである」など、まだまだ入居者・家族が苦情を言えていないと援助者は受けとめている（井上 2005：179-185）。苦情解決制度が整いながらも、入居者家族の思いを受けとめ切れていない現実がある。

入居者と家族間の悩みは、家族内の問題として還元されがちである。例えば、面会に来ないことが家族関係でのみ論じられれば、家族員の問題として完結することになる。しかし、本来はどのように関わりたいのか、面会に来られないのはなぜか、迷いを解消したり、緩和するにはどのような介入の仕方や環境の整備が必要なのか明らかにすることで、家族ごとのケアが可能になる。

神奈川県社会福祉協議会が認知症高齢者グループホームの入居者・家族を対象に実施した調査報告では、「家族が気軽に会いに行きやすい雰囲気があり、訪問した際はグループホームで居心地よく過ごすことができていますか」という問に対し、「誰の家族かわかっていない」「本音がなかなか言えない雰囲気がある」「こちから挨拶しなければ挨拶が返ってこない」「面会の時間帯や人数を制限されてしまう」「他の利用者に気を遣ってしまう」という不満が家族から述べられている（神奈川県社会福祉協議会 2006：5）。こうした不満から、面会に行けないのは、必ずしも家族自身の問題ではなく、施設側が家族を部外者として位置づけたり、援助者とのコミュニケーション不足が要因の一つと判断できる（Finnema 2001：728-40）。

本研究で主題とする「迷い」は、入居者や援助者との相互関係のなかで派生する感情である。ここでは、援助者が把握し介入が可能な要因に焦点を当てて捉えていく。

（2）家族と援助者とのパートナーシップ

施設ケアにおいて、入居者家族は対等な立場で発言できる者としての機能を発揮しながら、最終的には援助者とのパートナーシップをめざすことが重要と言えよう。林の報告でも、ケアの専門家であるスタッフが家族介護者と一緒に高齢者を支持していくことが戦略として重要であるというOsisの実践成果が紹介されている（林 2002：117-21）。

援助者と家族のパートナーシップとは、同じ目標に向かって歩むという関係である。調査結果においても、「職員と一緒になって入居者（身内）の援助内容・援助計画を検討できている」と回答している家族は、援助者との信頼関係ができていると考えていることがわかった。入居者家族と援助者のパートナーシップの捉え方を、「異なる立場に立つ者同士が、共通の目標に向かって、直面する問題の解決に寄与する活動を展開すること」とするならば、まさに入居者家族と援助者の協働による援助内容・計画の検討が、両者の信頼関係を育み、パートナーシップの結節点になるといえよう。そこでは、入居者家族が、肉親を部分的に支えること（精神的サポートだけを期待される関係）を超えて、入居者そのものを援助者とともにトータルに考えることができていることが重要と捉える。

しかし、施設と入居者家族との関わりを振り返ると、その論点は必ずしも同じではなかった。かつては、援助者が入居者家族を施設にいかに関わらせるかに腐心しており、そのことが議論の焦点となっていた（神奈川県指導員研究部会 1991：24-47）。

いうなれば、入居者家族の施設への関わりについては、これまで援助者がイニシアティブをとりながら、入居者家族を援助役割で捉えてきた経緯がある。それが、入居者へのケアをともに考える家族として変容しつつある。高橋の報告によると、入居者・家族を交えたケアカンファレンスによって、入居者、家族、職員に変化が出たという。この活動によって、限られた空間での集団生活を余儀なくされている入居者の思い、ケアを委ねている家族の思い、日々ケアに携わっている職員の思いを相互に理解することで信頼関係を深め、同時により個別的な援助サービスを提供することにつながり、入居者・家族の満足度を高めることができたと報告されている（高橋 2004：11）。

本研究の調査においても、入居者家族の意思表出抑制傾向と信頼関係の関連をみたところ、職員と「信頼関係ができている」と答えた家族ほど、職員に対して「言いたくても言えないことがある」と回答する割合が低かった（$\chi 2=14.026$, $df=1$, $p<.01$）。このことから、信頼関係ができていると考える家族ほど言いたいことが言えていると推察できる。さらに、「職員と一緒になって入居者（身内）の援助内容・援助計画を検討できている」家族ほど、職員と信頼関係ができていると回答している（$\chi 2=10.295$, $df=1$, $p<.01$）。この結果からケアプランなどを一緒になって考えていることが、入居者家族と援助者の信頼関係を促すと推察できる。

このように、入居者家族像の変化とともに、入居者家族が施設ケアに関わることの意義と、それを同じ目線で支援していく施設の姿勢が問われている。

（3）家族会機能の再検討

これまでの調査によって、家族会への参加が苦情表明行動を助けることが明らかになった。しかし、家族から表明される苦情は、施設サービスや援助者の接遇等に関するもので、家族自身が抱える精神的不安のようなものは語られない（東京都国民健康保険団体連合会 2017）。つまり、苦情表明行動が自分以外の者（外部）に働きかけるのに対して、迷いは自分の行動を内的に規制する意識といえる。

在宅ケアにおいては、主治医との話し合いが良く行われている場合に介護者の不安が解消され、満足感が高いという指摘がある（岸 2002b：10）。それに対して、入居者家族の声は在宅ケアにおける家族介護者の声と比べ、表面化しにくい。それは、家族会の設立自体が、当事者によるものなのか、施設側によるものかという起源の議論を越えて、家族会に期待された機能の差となって影響を与えている。

我々がG県内の特別養護老人ホームの家族会を対象に行った調査（井上 2004：21-47）において、家族会の存在理解について尋ねたところ、「知っている」が八五・一％（一五八人）、「知らない」が一四・九％（四五人）という結果であった。回答者の約一五％が、当該施設の家族会について知らないということがわかった。ちなみに、調査対象の施設には全て家族会が存在する。

さらに、家族会の活動や集まりに参加しているかどうか尋ねたところ、「参加している」者が六二・五％（一八〇人）、「参加していない」者が三七・五％（一〇八人）という結果であった。また、家族会を知っているにもかかわらず、参加していない者が二三・〇％（六六人）いることがわかった（表5-4）。家族会に参加している者が七割弱いる一方で、三割強の家族が参加できずにいる。この数字は、家族会の存在意義自体に疑問符を投げかける。入居者家族の八割弱が「車で三〇分以内」の場所に居住している（井上 2004：19）ことを考えると、施設との地理的距離以外に、家族会の活動自体の検討が必要となる。家族会が存在しない施設がある一方で、施設に家族会がありながら関われずにいる者の存在が明らかになった。

家族会の主な活動は、お花見、納涼会、敬老会などの行事の参加、個々の家族の不満を吸い上げること、それに加えて、学習会・研修会の企画や他の特養家族会との交流などさまざまである。家族会自体が施設と対等な関係をつくり主体的に活動できる場合もあれば、家族会自体が施設ケアの資源として期待されることも想像できる。家族会の設立に施設が深く関わることの弊害については、家族会の組織そのものが老人ホームの一部でしかないという指摘もある（石川 1983：78）。

先行研究の多くは、援助者が特養の家族会の有意義性を述べている（市川 1994：46-7, 山下 2004：4-6, 長岡 2004：6-8, 峯田 2004：8-11）。しかし、特養の家族会に参加することが家族にとってどのような意味をもつか、家族の言葉で語られてはいない。

これまでみてきたように、特別養護老人ホームの家族会で家族同士が悩みを吐露し、共有する機会があることで、悩みを解消するきっかけになることがわかった。しかし、家族会が全ての施設に設立されていないこと、家族会があっても、入居後間もないため参加し切れていない現実が浮き彫りになった。いわば、家族会が家族同士のセルフヘルプグループとして機能しきれていない現実がある。

家族会があって良かった点について入居者家族に調査し、さらにその理由について自由記述で尋ねた（井上 2004：21-47）。家族会に参加して良かった点があるかどうかについては、「ある」と答えた者は六六・九％（一〇九人）、「ない」答えた者は三三・一％（五四人）であった。

家族会に参加して良かった点について最も多かったのは左記の項目である（表7－1）。

1）悩みの共有（30）については、「同じ悩みをもった方々と機会があれば愚痴を聞いてもらったり、また聞いてあげたりで気分も晴れる事があります」「悩みなど同じ立場で話せる。相手の方の話で自分にプラスに考えられる」「家族会でコミュニケーションが取れ、不安や迷いが少なくなる」「皆さんとの会話で心がなごみ自分の視野がひらけます」「園の事がだいたいわかり、安心できる。楽しみ会もあり、共に楽しめる」「問題の共通点があり、話合いが出来る場となる」「入居者の家族（身元引受人）同志の意見交換や将来のことについて気楽に話し合いができる」という発言がみられた（傍線は筆者：以下同じ）。これらの発言から、家族にとって家族会の最も大きな存在意義が「悩みの共有」にあると理解できる。

さらには、「いくつか悩みが解決できた」「同じ気持ちの人が沢山みえて安心した。家で世話をしているときはにくしみしかわからなかったけど、他の方々も同じ気持ちでよかった。今は面会に行く時はやさしい気持ちで会える」「どの家庭でも様々な問題がある事で、自分だけが抱えていることばかりでないことが報われた」という発言もみられたことから、「悩みの共有」を越えて、「悩みの解消」、「緩和」がなされていると推察できた。

2）職員との関係づくり・施設の運営方針が聴ける（25）については、「施設の方が毎日入居者本人を見て頂いていますので、時々、面会に行く家族より、容体をよく知ってみえて、家族会の折に色々なアドバイス又は現状を報告していただけるし、家族の思いも聞いてもらえるから」「職員と話したり、施設の様子等、知ることが出来る」「施設の内容など深く理解できるようになった。」「施設の内部のようすがわかるから」「施設での生活内容を職員より説明が有り、生活の様子がわかること。他の家族ともコミュニケーションが取れる事」「入居者の様子をくわしく聞くことが出来る」という発言からは、身内と関わる援助者と話すことによって、入居者（身内）の普段の様子を知ることができる安心感がうかがえた。さらに、「施設の方々と家族に一体感ができたこと」という発言から、ともに入居者（身内）を支える者としての喜びが感じられた。

その一方で、「家族会の行事がある事で施設へ行くことが出来る」という発言があったことは、施設に行く理由づけに背中を押してもらっている家族がいることが窺えた。日常的に関わりたくても職員へ遠慮してためらっている家族がいるならば、何らかの支援が必要になってこよう。

3）入居者の様子が分かる・入居者との関係が深まる（18）については、「せめてこのことで母との関係が少しでも深まるから」「入居者の様子がわかる」「入所している母が喜んでいるから（行事が楽しいと言っている）」「入居者が喜んでくれること」「日常の生活が見られるので」「入居者とその家族及び施設の人々の絆が強まった」「利用者の様子がよく分かり安心してお願いできるから」「入居者の日常生活の状態がよくわかる」という回答がみられた。家族会への参加によって、入居者（身内）との関係が深まったと感じたり、様子を確認して安心している状況が窺える。

4）他の家族と仲良くなれた（14）については、「入居してまだ浅かった事もありますが、入居者家族の方と知り合え、どこでお会いしても、声をかけ合い、お互いはげまし合える事もありますから…」「家族間の話し合いが出来、親しくなった。行事に参加出来る（敬老会、盆おどりなど）」「入居者の方を通じてその方の家族と親しくなりました」「いろいろな利用者の家族とお話が出来るから」という回答がみられた。

5）施設の行事に参加しやすい（12）については、「施設の行事に協力しやすい」「忙しくて親に会いに行けなくとも、行事があれば施設に行きます」という回答がみられた。身内との面会よりも行事を優先するという発言は、家族の行事サポート役割に対する期待の高さと規範化を表している。

6）その他（10）では、「会の運営に自主性、積極性がない」という批判があった。

また、「ある事は知っていますが、まだ入居したばかりなので参加した事はありません」「入所してまだ月日がないので参加していない」という回答があり、入居間もない最も支援が必要な家族が、家族会に参加できていない現状があった。入居間もない家族に対しては、家族会の紹介とフォローが必要と推察された。

表 7-1　家族会に参加して良かったこと

1）悩みの共有 (30)
2）職員との関係づくり・施設の運営方針が聴ける (25)
3）入居者の様子が分かる・入居者との関係が深まる (18)
4）他の家族と仲良くなれた (14)
5）施設の行事に参加しやすい (12)
6）その他 (10)

入居者家族は、家族会に参加して話すことによって「『自分だけではなかった、みんな大変だったんだ』と家族間の連帯」を徐々に感じるようになる（相澤 2006：251-5）。笹谷があげる家族会活動の長所としても、①会員相互の交流、②施設と家族の関係がスムーズとなる（施設側は家族の意見や要望を聞くことができるし家族は施設の考えを聞き情報交換でき

る)、③家族と施設の信頼関係が深まる等(笹谷 2001：101)がある。施設での家族会のメリットとしては、家族同士の悩みを共有し、交流が深まることと述べることができる。

一方で家族会のデメリットは、入居者(身内)の死去に伴い、家族会のメンバーが流動的になるということである。そのため、家族会のメンバー同士の関わりも流動的にならざるをえない側面がある。そのデメリットを克服するものとして、家族会ＯＢ会や世話人会といった活動があげられる(市川 1994：46)。家族世話人会がある施設としては、東京都Ｔ市にあるＨ荘の活動も注目できる(井上 2003：139-44)。Ｈ荘は、入居者(身内)を看取った会員を家族会の継続会員(世話人)として位置づけ、家族会のサポート役を担ってもらう取り組みを行っている。家族会が積極的に会員の悩みを聴き、テーマに応じて家族会主催の勉強会を開いている。家族会で話し合われた内容は世話人によって集約され、要望として施設オンブズマンに提示するという方法でまとめられている(井上 2003：39-144)。

入居者家族の支援においては、悩みを吐露できる環境づくりのために、援助者による迷いを抱える家族の把握と支援、そして家族会に相互支援機能を持たせることが不可欠であり、有効であると推察された。

第3節　入居者家族が抱く迷いへの支援方法

家族を構成する一人ひとりにとって、家族はどのような意味を持ち、生きる力の源泉になるのか。

施設ケアに対して葛藤、不安、罪悪感などを抱く入居者家族を「迷いを抱える家族」と表現するならば、その人達に施設はどのように向き合うことができるのか。

入居者家族が抱える迷いの緩和は、介護者（家族）だけの都合で身内を施設に預けやすくすることを意味しない。迷いの緩和や解消の先には、たとえ施設に入所したとしても入居者と家族が思うように向き合え、悔いの無い関わりを維持できることがある。

施設ケアにおける家族支援の目的は、「ともに高齢者を支えることのできる、家族への支援」ということができる（坪山 1994：162)。入居者家族は、身内を施設に預けるにあたり、①規範意識からくる迷い（入居者家族が自らの行動を抑制する迷い）、②役割意識からくる迷い（入居者や援助者等との関わりにおける役割に関する迷い）、③情緒的感情からくる迷い（入居者や援助者等との関わりのなかで生じるさまざまな感情に起因する迷い）を感じていた。こうした迷いの感情は、入居者（身内）との関わりにおいて、持続的・内向的に家族の行動に影響を与えていた。

(1) 入居者家族が抱く迷いの緩和

在宅ケアから施設ケアに移行することが、家族の迷いを解消する直接的方法にはならない。家族は入居者や援助者との相互作用によって迷いを抱える。ここでは、面会等において家族が安心した場面を聞き取る中で、迷いの緩和に有効と思われる要因を家族の言葉から確認する。

入居者家族が抱く迷いの緩和には、下記の項目が有効に作用したと推察された。

①入居者の身体的・精神的状態の好転（体重増加・表情変化等）の確認

「こんな食事介助の上手な所は初めて。お世辞になるからここではあんまり言ってないけれど、でも、いい証拠に一〇kgを太った。で、風邪もひきませんし。」（Xさん）

Xさんは、母親を施設に入れたことに対して、母親への申し訳なさと世間への負い目を感じながら面会を続けている。毎日面会に来ることで親への償いをしている意識がある。その点で身内を施設に預けることへの後ろめたさ・罪悪感の一端は窺えるが、その一方で、施設ケアによる母親の体重の増加にホッとしている様子が垣間見えた。

②入居者の言葉の確認と安心

「これだけ生かしてもらえば満足や」という、そういう言葉を聞いただけで、こっちも満足感があるんです。」（Bさん）

Bさんは、お父さんを施設に預けている。面会を終えて帰るときの分かれ際は何とも言えない寂しさを感じる。できるだけ自宅で面倒をみたいと思いながら、迷惑が掛かるため入居を決意した。そうした思いを和らげる言葉として、本人の言葉がある。本人の言葉を確認することが家族にとっても安心できるきっかけになる。

③援助者への確認（入居者への関わりについて）

「毎日来てますもんで、こちらさん、HFさん（特別養護老人ホーム）にご迷惑じゃないかと思って、それを一番いま気にしてるんです。（…中略…）私は結局、『いいですか？　ご迷惑じゃないですか？』って言葉を掛けてますけどね。」（Qさん）

Qさんは、妹さんを施設に預けている。面会は毎日来ている。そうすることで後悔しないようにという思いがある。その一方で、施設に対して迷惑が掛かるのではないかと気にしている。結局、職員に「ご迷惑じゃないですか」と確認することで、面会を続けることができている。面会に行くことの躊躇が職員への確認によって緩和されていると推察できる。

④職員の挨拶

「ここはね、もう入ったとたん、『ご苦労さまです』と言って、こちらの職員さんも、まず事務所の人は、仕事をしていてもサッと立って、『ご苦労さまです』と言って、毎日私お邪魔してるんやけど、本当に笑顔が絶えずにね。あれが本当に私たち家族の者が一番うれしいというのか、来やすいもんで、足が止まらないの。『今日も行こう』というふうになるというんかね。それで、こういう言葉も必ずきちんと掛けてくださいますし、どなたもすごくよくしてくださるので、ありがたいと思いますよ。」（Xさん）

Xさんは、ほぼ毎日面会に来ている。面会来ることが自分にとって世間体を保つことであり、母親への償いの意味合いもある。しかし、毎日面会に来ることが援助者にプレッシャーではないかと言う気持ちもある。他の施設と比べて職員の笑顔が絶えずに「ご苦労様です」という言葉をかけられることが嬉しいし、来やすくなる。この思いは、家族が援助者に対して「誰の家族かわかっていない」「こちから挨拶しなければ挨拶が返ってこない」という苦情を述べることの裏返しであることがわかる（神奈川県社会福祉協議会 2006：5）。

⑤援助者からの入居者（身内）の状態の報告と介護状況の確認

「先週も来たときに、『食事の食べる量がだいぶん少なくなってきているから』って言われて、『ああ、これは困ったな、いよいよかなぁ』と思うて心配して来ましたけどね。ここのスタッフの方にも頭が下がる思いで、毎日感謝していってるんだけども、ここまでほどね、たぶん親が家にいたら、自分自身がここほど見てあげあられないんやないかなと思ってね。そう思って感謝してね、いってるんだけど。（Pさん）

Pさんは、母親を施設に預けている。飲み込む力が大分衰えてきていることを感じ、この先どれだけ生きてくれるか心配している。そうした身内の衰えに対する受けとめきれない感情を抱き、その感情を言えずにいる。しかし、援助者の報告や普段の介助を確認することで、母親の衰えに対する受けとめきれない感情が緩和されると推察できる。

本研究の迷いの緩和においては、感情の変化のみならず、入居者への接し方や面会の仕方にわずかながら変化が認められた。以上のことからも、入居者家族が抱く迷いの緩和には下記の項目が有効に作用すると推察できた（表7-2）。

表 7-2　迷いの緩和要因

1）本人の身体的・精神的状態の好転（体重増加・表情変化等）の確認
2）本人の言葉の確認と安心
3）援助者への確認（入居者との関わり方について）
4）職員の挨拶
5）援助者からの入居者（身内）の状態の報告と介護状況の確認

(2) 入居者家族同士による支援

施設ケアにおける家族支援は、援助者からの支援だけでなく、家族同士のささえあいの効果も視野にいれる必要がある。家族会に参加し

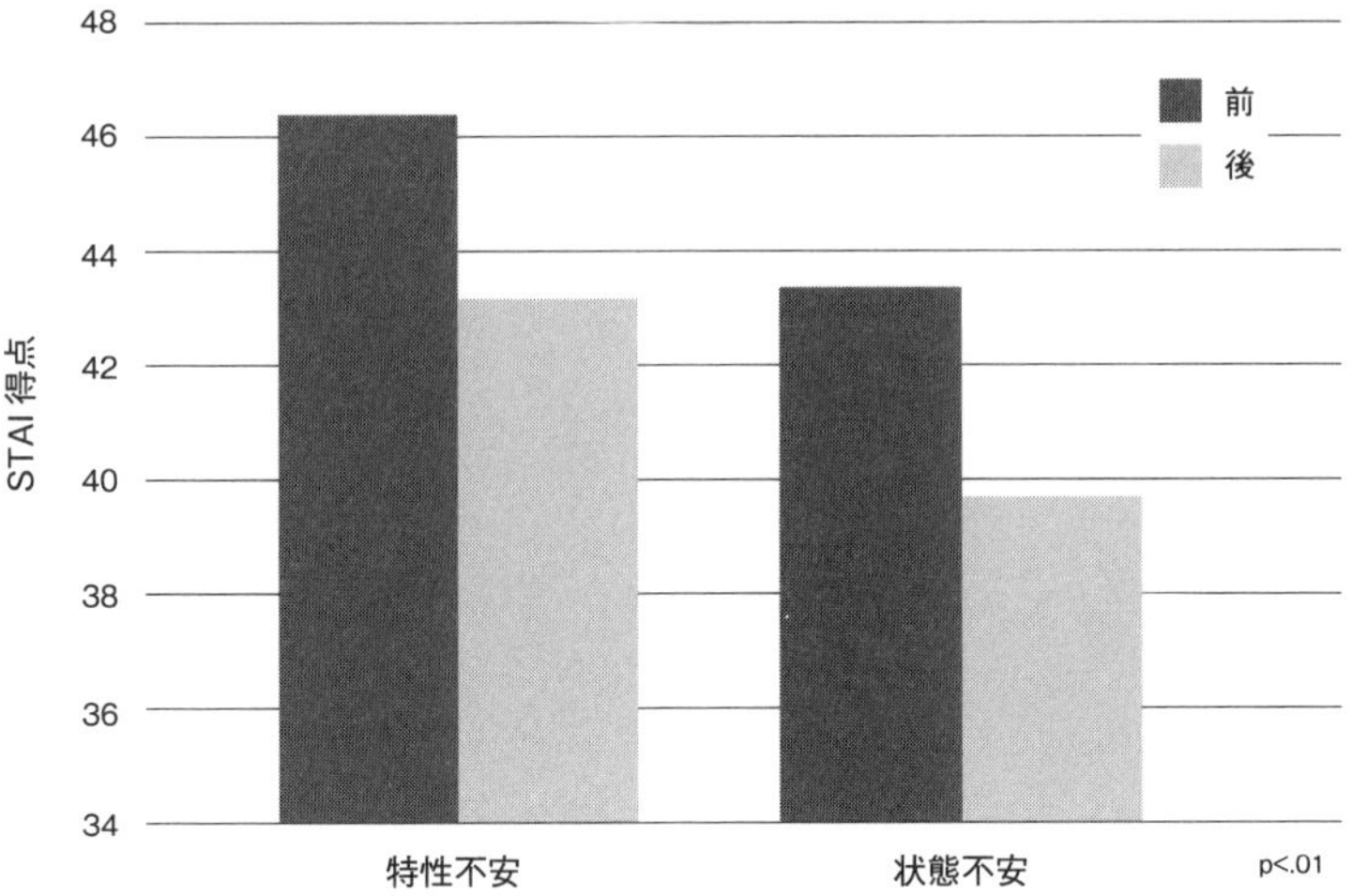

図 7-1 特性不安・状態不安のグループインタビュー前後の得点の比較

ていても家族同士の情報交換、相互支援の場として家族会の活動が十分に深まらない場合があるため、グループインタビューを通じて迷いの共有や解消がなされるのではないかと考えた。

調査の結果、面会に来ていることは分かっていても他の家族と「しゃべったことは一回もない」（Xさん）（'Fさん）、今回のグループインタビューは「いい機会」（Xさん）だったという発言があった。

他の家族に対しても「イベントごとに会って、そんなもんやで。そんなもんやけど、ちょっと悲しいなと思う」（Vさん）という発言があった。さらには、「（家族同士のつながりが）あればいいですね。最高ですね。」と、家族同士のつながりを求める発言もあった（'Cさん）。

このように家族会があっても入居者家族同士が顔を合わせて話をする機会は必ずしも多くないこ

とがわかった。今回のグループインタビューによって家族同士が話し合う機会を持ち、自分だけが悩んでいるのではなく、周囲にも同じ思いを持っている人がいるという、関係の深まりを実感することができた。このことから、家族会が家族同士のサポート活動としてさらに発展できると推察された。

ここでは、支援が必要な入居者家族の姿を明らかにし、さらにSTAIを使った不安感情の測定を手掛かりに、家族同士による支援の有効性を検討した[1]。調査によって、家族同士がお互いの心情を語り合うことが、状態不安を軽減する可能性を示唆する結果となった（図7-1）。

面会に来ていても他の家族と話したことがない家族やグループインタビューが良い機会であったという家族がいた。さらには、家族同士のつながりを求める発言もあった。

施設に家族会があっても入居者家族同士が顔を合わせて話をする機会は必ずしも多くない。今回のグループインタビューによって家族同士が話し合う機会を持ち、自分だけが不安を感じているのではなく、周囲にも同じ思いを持っている人がいるという、関係の深まりを実感することができた。

このことから、家族会が家族同士のサポート活動としてさらに発展できると推察された。

入居者家族が抱く複雑な感情をとらえることは容易ではない。そのなかで、不安感情を手掛かりに家族同士の支援の有効性を検討した。

本調査協力者（入居者家族）のインタビュー前の状態不安は四三・四であった。四二点以上が臨床的に問題となりうるという指摘があるため、この数値から入居者家族が強い不安を感じていることがわかる。

それに対し、インタビュー後の状態不安は三九・六に低下した（図7-1）。このことからも、グループインタビューの機会が家族の不安軽減に有効に作用したと推察できる。

家族を構成する一人ひとりにとって、家族はどのような意味を持ち、生きる力の源泉になるのか。施設ケアに対して葛藤、不安、罪悪感などを抱く入居者家族を「迷いを抱える家族」と表現するならば、その人達に施設はどのように向き合うことができるのか。

入居者家族が抱える迷いの緩和は、施設運営に家族を動員しやすくする（客体化する）こと、介護者（家族）だけの都合で身内を施設に預けやすくすることを意味しない。迷いの緩和や解消の先には、施設ケアにおいて入居者と家族が思うように向き合え、良好な関係を主体的に維持できることである。

施設ケアにおける家族支援の目的は、「ともに高齢者を支えることのできる、家族への支援」ということができる。

(3) 入居者家族と援助者のパートナーシップ

Pillemer 等の調査では、家族や援助者が抱く葛藤が両者の間で開かれたかたちで語られ、意図的な葛藤の感情表出が行われた結果、個人的な葛藤が減ったこと、援助者と入居者家族の両方の満足度が向上したことが報告されている（Pillemer 1998 : 500-2）。

井上（2004）が行った調査や Pillemer 等の実践成果から、意図的な感情表出の機会を設定することで、入居者家族と援助者の両者のコミュニケーションが改善され、両者のパートナーシップも進むと推察される。

これまで施設ケアにおける家族支援は、行事のサポートや面会を通して議論されてきた。しかし、それは家族の迷いを把握することなく、援助役割のなかで家族を価値づけてきた（客体化してきた）という反省がある。

Pillemer は、家族支援の多くのプログラムが、家族だけであったり、個別の面接や家族会の支援に焦点を当ててきたため、ケアを分かち合う者（pertners in caregiving）として、家族と援助者がお互いの問題として検討されることが求められると指摘する（Pillemer 2003：97-8）。そのため Pillemer は、家族と援助者が参加する〝Partners in Caregiving Program〟をつくり、ナーシングホームにおける家族と援助者の関係向上をめざした（Pillemer 2003：104）[2]。

プログラムの中で、入居者家族と援助者が、お互いの見解の違いや葛藤などをオープンにしている点で、意図的な葛藤の感情表出が行われていると言える。このプログラムの結果、援助者と入居者家族の両方の満足度が向上したことが報告されている（Pillemer 1998：500-2）。

プログラムを実施した結果の典型的な意見としては三つあり、一つは、多くの回答者が、相手に対して新たな理解を示したということであり、お互いに、そして入居者のために助け合うことにおいて役立ったとする。二つめは、入居者家族や援助者がお互いに対する振る舞いが変わったということである。ある家族は、今は両者の見方からみることができると述べる。多くの回答者は、相手に対する個人的な葛藤が減ったと述べている。三つめは、プログラムの結果、家族メンバーをより人間的に感じるようになったというコメントがある。このように、相手に対する敵対的理解や振る舞いが減少すると報告されている（Pillemer 1998：500-2）。

このプログラムのように意図的な感情表出の機会があることで、入居者家族と援助者の両者のコミュニケーションが改善され、両者のパートナーシップが進むことが期待される。

これまでの調査によって、施設ケアに対して入居者家族も語り得ない悩みを持っており、援助者もそれを感じながら同様に悩んでいることがわかった。両者の悩みを汲み取って具体的な実践に展開できる取り組みの必要性を強く感じた。

施設に肉親のケアをお願いすることが、家族を切り離すということではなくて、家族に本当に必要な部分で、より絆を深めるためにエネルギーを注ぐことと捉えることができる。入居者を支えるための入居者家族と援助者のパートナーシップが、両者の意図的な感情表出の機会をとおした関わりのなかでこそ形成され得ると言えよう。

まとめると、家族支援は三つの支援レベルで議論できる。一つは、援助者から家族への支援（家族の迷いを把握し、その緩和に向けた支援を行うこと）、二つめは家族同士の支援関係（家族同士がお互いの迷いを吐露しあうこと）、三つめは家族と援助者がともに語り合うこと（援助者も家族との関わりにおいて悩みを抱えており、援助者と家族がともに悩みを吐露しあうことが重要であること）。

さらにこれからの家族支援において、入居者と家族がよりよく向き合い、適切な関係を継続するた

表 7-3　入居者家族への支援方法

《生活相談員の視点》
1）援助者を含めた施設職員が入居者家族の訪問を認識し、声掛けをすること
2）入居者と家族がどのように関わりたいか把握し、それをサポートすること
3）家族と援助者が考える家族役割についてお互いに話し合う機会を設けること
《介護者の視点》
4）援助者（介護職員等）と担当する入居者家族とが顔の見える関係をつくること
5）入居者の身体的・精神的状態の好転（体重増加・表情変化等）を家族が確認できるようにすること
6）家族が入居者の言葉・思いを確認し、安心できるようにすること
《家族会の視点》
7）家族会の活動内容を家族同士のサポート活動としてさらに展開していくこと
8）家族同士が迷いの感情を吐露し、迷いを緩和する機会をもつこと

めには、表7－3の家族支援の方法を意図的、計画的に行うことが極めて効果的に働くということが示唆された。職種間や家族会によって介入を分けた理由は、先に述べたように職種の専門性によって入居者・家族に関わる局面（相談場面や介護・看護場面等）が異なるためである。もっとも施設ケアにおける家族支援においては、職種間による家族への視点（役割期待）の違いをすりあわせておくことが不可欠であるし、迷いを抱える家族の傾向や迷いを緩和する方法について共通に理解しておくことが前提となる。さらに家族会における迷いの緩和においては、家族同士による相互支援関係の構築が重要であり、当事者だからこそ共有し、緩和できる迷いがあると推察された。

これまでの知見を元に、上記の八項目が、入居者家族への支援方法（＝家族が抱く迷いの緩和）として有効であると推察できた。

■注

1　本研究の調査対象は、G県内の特別養護老人ホームで、当方の調査に対して協力の意思のあった施設（四カ所）の家族二四名である。それぞれの家族は、施設の家族会に参加し、月一回以上入居者と関わっている方にお願いした。調査時期は、二〇〇九年九月二〇、二一日、二〇一〇年三月一三、一四日の四日間である。一回のインタビューの時間は、STAIの回答を含め約二時間ずつであった。研究方法として、入居者家族に対するグループインタビュー法を採用した。インタビューの前後で、STAI（状態－特性不安尺度）の日本語版を用いてアンケートを実施し、入居者家族の心理状態の変化を測定した。

　これまでの研究で明らかになった次の四点について説明し、グループインタビューを行った。

①「入居者家族が抱く迷い」について
②「入居者家族への支援方法」について
③職員とのかかわりで安心したこと
④結果

調査協力者の属性は下記のとおりである。

・男性一三名（五四・二％）、女性一一名（四五・八％）
・平均年齢六九・七歳
・属性として最も多かったのは、子一一名（四五・八％）、次いで配偶者六名（二五・〇％）であった。
・同居経験「あり」は一五名（六二・五％）
・親族の平均入居年は四・四年
・月の平均来所回数は三・〇回
・一回の平均滞在時間は四三・八分

入居者家族の状態不安・特性不安について、グループインタビュー前後の比較を行った（図7-1）。その結果、状態不安の不安得点は、グループインタビュー実施前の四三・四点に対して実施後三九・六点に低下して有意差がみられた（t=3.24,df=18,p<.01）。

特性不安の不安得点は、インタビュー前四六・三、後四三・一であり、前後の大きな差はなく有意差は見られなかった。

詳細は、下記の文献を参照のこと。

井上修一（2011）「特別養護老人ホーム入居者家族への支援方法：ＳＴＡＩによる家族会活動の評価」『大妻女子大学人間関係学部紀要』13：109-115。

2

“Partners in Caregiving Program”の中身は、A～Iまでの九つのプログラムが用意されており、家族だけでなく援助者も受ける点で特徴がある（Pillemer 1998：501）。

「A．ケアの提供におけるパートナーのために：イントロダクション」

「B．家族と援助者の間の効果的なコミュニケーションの共有」

「C．発展的な傾聴技法」

「D．明確でそして敬意をはらった言い方」

「E．文化や民族の違い」

「F．責任、非難、葛藤を扱うこと」

「G．価値の違いを理解すること」

「H．家族や援助者や管理者をつなぎ合わせる計画」

「I．つなぎ合わせる集まり」

おわりに

本書では、入居者家族が抱く苦悩や葛藤などの複雑な感情を包摂する概念として「迷い」を措定した。入居者家族は迷いながらも、入居者（身内）や援助者なんらかの関わりをもとうとしていた。そこには、積極的に関わろうという姿勢があるからこそ「迷い」の形成につながっていた。

一方「迷い」は、入居者家族が自認し、援助者も家族が「迷い」を抱えていると意識していたとしても、感情が表出されなければ認められない。これまで「迷いを抱える家族」は、施設ケアのなかでとらえどころのない存在として位置づけられてきた。また、家族支援の研究は、家族が苦悩や葛藤を経験するものだとしても、家族を入居者の支援者として副次的に位置づけられてきたため深まることはなかった。つまり、施設ケアのなかで家族が援助役割を期待され、そのなかでこそ価値付けられてきたための弊害が明らかになった。

また、積極的な関わりを持つ家族の一方で、家族の都合で身内を施設に預けたという捉え方があり、家族と入居者の利害が対立する存在として位置付けられる議論もある。いわば、両義的存在としての家族像が、家族をさらに捉えにくくし、施設ケアにおける家族支援研究を取り組みにくくしていた。

しかし、「迷いを抱える家族」を措定することで、積極的に関わろうとするために支援を必要とする家族を浮き彫りにし、まずは入居者（身内）と向きあうことに悩んでいる家族を操作的に捉えることができた。本書では、「迷いを抱える家族」の姿を、家族の言葉から明らかにするとともに、入居者や援助者との関わりのなかから、迷いの緩和に向けた家族支援（介入）の方法の提示を試みた。

その結果、入居者家族が自分の身内を施設に預けるにあたり、①規範意識からくる迷い（入居者家族が自らの行動を抑制する迷い）、②役割意識からくる迷い（入居者や援助者等との関わりにおける役割に関する迷い）、③情緒的感情からくる迷い（入居者や援助者等との関わりのなかで生じるさまざまな感情に起因する迷い）を感じていることがわかった。これらの感情の解消は、入居者本人の言葉の確認、身体的・精神的状態、介護状況の確認や援助者との関わり（入居者（身内）の状態の報告と確認等）を通じてなされていた。その一方で、入居者（身内）や援助者との関わりのなかで確認が行われなければ、これらの感情は継続することがわかった。つまり、「迷い」は入居者（身内）との関わりにおいて、持続的・内発的に家族の行動に影響を与える態度と捉えることができる。

入居者家族は、援助「役割」意識の強い家族ほど「迷い」の意識が強いことがわかった。これは、入居者に対してもっと関わりたいという意思が、迷いに関連していると推察された。

本研究によって迷いを抱える家族の一端が明らかになり、介入の手がかりが見えてきた。

今回の調査ではグループインタビュー法を採用し、入居者家族が抱く迷いと緩和の方法を明らかにした。グループインタビューの利点として、参加者の発言が他の参加者の発言を引き出したり、発言が共有されることによって同一の感情や悩みの緩和に結びつくことが窺えたが、他者の影響を受けるという点で、参加者の意見に左右されるという欠点は否めない。その点がグループインタビュー法の難しさだと言える。今回の調査では、グループインタビューを通じて、比較的関わりの浅いメンバー同士が感情を吐露し、互いに共有することを意図したため、さらに段階的・継続的な調査を続けることによって、より正確な意思を把握できるのではないかと考える。グループ展開においては、一回のセッションで意思表出抑制傾向の強いメンバーの思いを全て把握することは困難である。今後は、ある程度時間をかけながら調査者と家族とが関係づくりをし、さらにメンバー同士の関係の深さを把握したり、働きかけながら、さらに詳細で段階的なグループ構成や展開方法を考えなければならない。

意図的な感情表出の機会や家族会のセルフヘルプグループ機能が迷いを緩和することに効果的だと予測できたとしても、入居者家族の迷いの緩和を把握するにはさらに継続的な検討が必要である。今後は、迷いを抱える家族への支援がどれだけ迷いの緩和に結びついているか、協力施設や家族会と連携し、新たなプログラム開発も視野に入れた継続的な評価と取り組みが必要と考える。

資料1　グループインタビュー調査協力者の属性

		性別	年齢	入居者との関係	同居の有無	介護経験年数	入所年数	来所回数（月）	入居者の認知症の症状の有無	入居者の要介護度
1	A	女	74	子	同居	4	3	3	−	2
2	B	男	68	子	同居	5	7	4	有	5
3	C	男	83	配偶者	同居	6	4	5	有	4
4	D	女	62	子	別居	2	5	1	有	5
5	E	男	64	甥	別居	0	4	2	無	2
6	F	男	65	子	同居	0	11	12	無	−
7	G	男	69	弟	別居	0	6	2	無	4
8	H	男	54	子	同居	7	1	2	有	5
9	I	女	59	子の配偶者	同居	4	4	4	有	5
10	J	男	60	子	同居	2	25	2	無	5
11	K	女	72	子	同居	16	7	5	無	5
12	L	女	73	配偶者	同居	10	4	10	有	3
13	M	男	88	配偶者	同居	0	2	4	有	3
14	N	男	89	配偶者	同居	0	2	4	有	4
15	O	男	71	甥	別居	0	3	4	有	3
16	P	女	60	子	別居	0	6	5	有	5
17	Q	女	86	姉	同居	3	5	30	無	5
18	R	男	67	子	同居	0	2	2	有	3
19	S	女	69	子	同居	0	3	9	無	5
20	T	男	64	子	同居	0	1	8	有	3
21	U	男	67	子	同居	3	1	4	無	3
22	V	女	76	配偶者	別居	7	2	5	有	4
23	W	男	68	配偶者	同居	0	6	7	有	5
24	X	女	69	子	別居	8	4	30	有	5
25	Y	男	43	子	同居	0	5	4	有	5
26	Z	男	49	子	同居	4	1	2	有	3
27	A'	女	57	子	別居	1	4	4	有	5
28	B'	女	53	子	別居	5	3	4	有	5
29	C'	男	59	子の配偶者	同居	4	1	4	無	1
30	D'	男	90	配偶者	同居	5	12	1	−	5
31	E'	男	90	配偶者	同居	5	3	8	無	3
32	F'	女	66	子	別居	0	4	3	有	5
33	G'	女	74	義妹	同居	0	5	2	無	4
34	H'	女	69	配偶者	同居	16	1	4	無	3
35	I'	女	80	配偶者	同居	10	2	4	無	5
36	J'	女	53	子	同居	1	9	1	有	5
37	K'	女	75	姉	同居	0	3	1	−	−
38	L'	男	79	配偶者	同居	3	5	1	有	5

注1：入居者の認知症の症状の有無、入居者の要介護度が「−」になっているものは、調査協力者（家族）が把握していないことを表す。

謝辞

本書は、東洋大学大学院に提出した博士論文（社会福祉学）「特別養護老人ホーム入居者家族への支援方法――入居者家族が抱く迷いへの着目とその緩和をめざして」をもとに加筆・修正したものである。出版にあたり、研究者だけでなく、施設職員や家族にも読んでいただけるよう、加筆修正した。長期間にわたり、筆者の研究に協力し、支えてくださったご家族、施設関係者の方々に心から感謝を申し上げ、本書を捧げたい。

博士論文執筆にあたっては、東洋大学名誉教授古川孝順先生、東京都立大学名誉教授小林良二先生、東洋大学名誉教授佐藤豊道先生にご指導頂いた。先生方がいなければ今の自分は存在しない。

あとがきに代えて

目の前の孫をいつしか息子と間違えるようになった祖母は、程なくして昼夜逆転の生活になった。若い頃に静岡の紡績工場で働いていたことをいきいきと話す一方、目の前の孫の記憶は薄れていった。忘れられた当事者としてはいささか悲しくもあったが、息子のことは忘れなかったのだと思うと、母親としての愛情の確かさに感動を覚えた。それからは、帰省のたびに息子として振舞うようになった。しかし、在宅介護は想像を超える過酷さであった。昼夜逆転、物とられ妄想、記憶障害の祖母の介護に、介護者の母は完全に参ってしまった。家族で話し合い、デイサービスとショートステイ、そして特養を利用することになったが、初日に送迎車に乗る祖母を見て母は涙した。時に口喧嘩する関係でも、やはり義母を預けることに迷いを感じていた。背景には、嫁としての複雑な心境もあったようだ。夫やその兄弟の手前、自分にできることはやったという実感や支援や理解や証明が必要だったのかもしれない。いずれにしても、在宅介護の終焉は、家族にとって安堵だけではなかった。専門家による丁寧なケアが行われていたとしても、家族にとっては何か心の片隅に気がかりを抱えながら過ごすものなのだ。家族のケアに晩年をささげた母は、自らケアされることを望まずに今年二月、ある日突然旅立った。残された家族にはつらい別れとなったが、実に母らしい人生のしめくくり方だと感じた。

我が家も常に危機と平穏を繰り返してきた。長女の死、長男の出産、重度の食物アレルギーがある息子の子育て、妻のがん。妻が乳ガンになったとき、息子は二歳だった。状況がわからないながらも、家族の様子を感じ取り、息子は不安定になった。保育園でトラブルを起こし、適応できずにいる息子を前に、家族とはこれほどまでに影響を与え合うものかと思ったものだ。家族はお互いにささえあい、影響し合っているがゆえに、家族成員の病が家族のゆらぎになる。しかし、ゆらぎのなかで家族を再びむすびなおすケアは確実に存在する。自分たちは、家族が本来持つ力をつかって、前に進むきっかけにするケアを経験した。病院に同行し、待合室にいる子どもは迷惑な存在だが、妻や私にとってはまさに生きるささえであった。闘病においては、家族としてまとまり、立ち向かえる支援が必要だ。優れた専門職がそれを理解し、家族としてささえてくれたからいまがあると感じる。

それぞれの問題に直面するごとに、家族としてのあり方が問われてきた。また、同じ悩みを経験した家族と会うと話が弾み、親近感を持った。妻は、死産の会、食物アレルギーの親の会、がんママカフェと活動を拡大していった。不安を表現し、仲間とつながっていける者は、ある意味強さを持っている。しかし、誰もが自分の考えをまっすぐに主張できるわけではない。迷いを表現できずにいる者も存在する。この本は、迷いを抱え、助けを必要としながら表現できずにいる者に着目している。それは、福祉サービスを利用する者とその家族にとっても同じだ。介護保険制度ができ、誰かに助けてもらいながら生きることが当たり前になるなかで、家族とのつながりを実感し、そのなかで老いていける施設ケアであってほしい。我々の支援が、まさに当事者・家族に光を当て、手をさしのべ、つながりながら前に進む力を見出すきっかけになればと願う。

最後に、この本を出版してくださった生活書院の髙橋淳氏に、この場を借りて御礼申し上げます。また、本書の出版にあたり、公益財団法人日本証券奨学財団（Japan Securities Scholarship Foundation）の出版助成を受けました。ここに改めて謝意を示します。

二〇二〇年秋

井上修一

参考文献

Abrahamsson, Britt-Louise.（2006）Demens-omsorg och omvardnad,bonnier utbildning ab,Sweden.（＝2006, ハンソン友子訳・天野マキ監修『スウェーデンの認知症高齢者と介護』ノルディック出版）

安達正嗣（2004）「高齢者の生きがいとしての家族・親族・地域関係の再構築」『生きがい研究』10、長寿社会開発センター：52-64

相澤秀子（2006）「母の思い出」『ユニットケアはいかにして創られてきたか』中央法規：251-5

安梅勅江（2001）『ヒューマンサービスにおけるグループインタビュー法』医歯薬出版

安梅勅江編（2003）『ヒューマンサービスにおけるグループインタビュー法Ⅱ』医歯薬出版

新井康友（2006）「介護福祉士と家族支援」『老人ケアのなかの家族支援』ミネルヴァ書房：40-57

有田士郎（1996）「特別養護老人ホームにおける入所者の家族関係」『社会事業研究』（35）：30-1

安積純子他（1990）『生の技法』藤原書店

浅野仁（1992）『高齢者福祉の実証的研究』川島書店

呆け老人をかかえる家族の会（1990）「呆け老人・介護家族とともに一〇年――「呆け老人をかかえる家族の会」の歩みに学ぶ〈特集〉」『看護学雑誌』54（8）：754-99

Bauer, M., Nay, R.（2003）Family and staff partnerships in long-term care. A review of the literature, *Journal of Gerontological Nursing,*（10）：46-53

鳥海房江（2011）『介護施設におけるターミナルケア』雲母書房

Cohen, D and Eisdorfer, C.（1986）*The Loss of Self : A Family Resource for the Care of Alzheimer's Disease and Related Disorders.*（＝1988, 佐々木三男監訳『失われゆく自己』同文書院）

Courts, N. F., and Barba, R. E., and Tesh, A.（2001）Family caregivers' attitudes toward aging, caregiving, and nursing home placement, *Journal of Gerontological Nursing*, 27（8）: 44-52

Cox, E. O., and Parsons, R, J.（1994）*Empowerment-Oriented Social Work Practice with the Elderly.*, Brooks/Cole Pub Co.（=1997, 小松源助監訳『高齢者エンパワーメントの基礎――ソーシャルワーク実践の発展を目指して』相川書房）

Duncan, M. T., Morgan, D. L.（1994）*Sharing the caring: family caregivers' views of their relationships with nursing home staff.Gerontologist.* 34（2）: 235-44

遠藤寿海（2005）「特別養護老人ホームにおける家族の役割に関する職員の期待について」『高齢者のケアと行動科学』10（2）: 82-8

Edelson, J. S. and Lyons, W. H.（1985）*Institutional Care of The Mentally Impaired Elderly.*, Baycrest Center for Geriatric Care.（= 1988, 長谷川和夫・浅野仁監訳『痴呆性老人のケアの実際』川島書店）

Eriksen, K .（1977）*Human Service Today.*, reston.（= 1982, 豊原廉次郎『ヒューマン・サービス - 新しい福祉サービスと専門職』誠信書房）

Finnema, E., and de Lange, J., and Droes, R.M., and Ribbe, M., and van Tilburg, W.（2001）The quality of nursing home care: do the opinions of family members change after implementation of emotion-oriented care?, *Journal of Advanced Nursing*, 35（5）: 728-40

Friedemann, M. L., and Montgomery, R. J., and Maiberger, B., and Smith, A. A.（1997）Family involvement in the nursing home: family-oriented practices and staff-family relationships., *Research in Nursing & Health*,（6）: 527-37

Friedemann, M.L., and Montgomery, R.J., and Rice, C.,Farrell, L.（1999）Family involvement in the nursing home., *Western Journal of Nursing Research*

,21（4）: 549-67
藤巻尚美、流石ゆり子、牛田貴子（2007）「介護老人福祉施設を終の棲家としている後期高齢者の現在の生活に対する思い」『老年看護学』12：84-85
藤本渉（2007）「家族会の活動をケアの向上に生かす」『ふれあいケア』13（5）: 23-5
藤村正之（2000a）「家族ライフスパイラルと福祉」『現代家族と家族政策』ミネルヴァ書房：23-30
藤村正之（2000b）「家族政策における福祉多元主義の展開」『現代家族と家族政策』ミネルヴァ書房：217-47
藤村正之（2008）『〈生〉の社会学』東京大学出版会
藤崎宏子（1995）「変貌する家族」『臨床看護』21（12）: 1751-7
藤崎宏子（2002）「家族による介護の〝囲い込み〟を解くために」『介護保険情報』2（10）: 52-6
藤崎宏子（2003）「現代家族とケア」『社会福祉研究』88：21-6
深堀浩樹・須貝佑一・水野陽子ほか（2005）「特別養護老人ホーム入所者の家族介護者における精神的健康とその関連要因」『日本公衆衛生学会誌』52（5）: 399-410
古川孝順（1999）『社会福祉21世紀のパラダイム』誠信書房
古川孝順（2000）『子どもの権利と情報公開』ミネルヴァ書房
古川孝順（2001）『社会福祉の運営』有斐閣
古川孝順（2002）『社会福祉学』誠信書房
古川孝順（2005）『社会福祉原論（第２版）』誠信書房
Gubrium, J. F. and Holstein,J. A.（1990）*What is Family?*., Mayfield.（= 1997, 中河伸俊・湯川純幸・鮎川潤訳『家族とは何か——その言説と現実』新曜社）
橋本多恵、庄司一子（2010）「中学生の罪悪感機能に関する検討：罪悪感特性と学校適応感の関連について」『日本教育心理学会総会発表論文集』（52）: 442
橋本有理子（2006）「社会福祉士と家族支援」『老人ケアのなかの家族支援』ミネルヴァ書房：22-39

林葉子（2002）「長期ケアにおける家族援助と施設援助の実践」『GERONTOLOGY』14（2）メディカルレビュー社：117-21
Hertzberg, A., and Ekman, S.L., and Axelsson, K.（2001）Staff activities and behaviour are the source of many feelings: relatives' interactions and relationships with staff in nursing homes, *Journal of Clinical Nursing*, 10（3）：380-8
細川かおり・斉藤恵子・橋本創一・菅野敦（2001）「知的障害児通園施設における家族支援に関する実態調査」『鶴見大学紀要』38（3）：89-94
平田厚（2004）「家族・法・福祉」『月刊福祉』87（9）：16-9
平田厚（2005）『家族と扶養』筒井書房
畠中宗一（2003a）『家族臨床の社会学』世界思想社
畠中宗一（2003b）『家族支援論』世界思想社
畠中宗一（2006）「家族支援とコラボレーション」『老人ケアのなかの家族支援』ミネルヴァ書房：1-21
廣橋容子（2006）「介護支援専門員によるケアマネジメントの課題――家族支援の必要性について」『聖泉論叢』13：117-33
広井良典（1997）『ケアを問いなおす』ちくま新書
広井良典（2000）『ケア学――越境するケアへ』医学書院
人見裕江・大澤源吾・小河孝則他（2000）「高齢女性の看取りの場としての特別養護老人ホーム」『川崎医療福祉学会誌』10（1）：79-86
本間郁子（2000）「特別養護老人ホームに求めること―利用者・家族の立場から―」『community care』2（7）：70-2
堀越由紀子（2003）「多様化する家族問題と支援方法」『社会福祉研究』88：48-53
市川禮子（1994）「ホームを支援する家族会 OB 会」『季刊老人福祉』104：43-7
稲垣美加子（2001）「生活型施設（入所施設）における家族支援のあり方について―社会福祉施設のハードの特性

からみた限界点―」『立教大学コミュニティ福祉学部紀要』（3）：51-66
井上修一（2003）「家族連携型施設オンブズマン活動をめざして―特別養護老人ホームH荘の試み―」『社会福祉士』（10）日本社会福祉士会：139-44
井上修一（2004）『特別養護老人ホームにおける権利擁護活動の実態と効果に関する研究』平成一五～一六年度科学研究費補助金（若手研究（B）2）研究成果報告書
井上修一（2005）「岐阜県内の特別養護老人ホームにおける苦情解決制度の現状と課題」『中部学院大学・中部学院大学短期大学部研究紀要』（6）：179-85
井上修一（2006）「苦情表明行動にみる特別養護老人ホームの利用者家族の姿―迷いを抱えやすい利用者家族とその支援に向けて―」『社会福祉士』（13）日本社会福祉士会：71-6
井上修一（2007a）「家族役割をめぐる入居者家族と援助者の意識のずれ―A県の特別養護老人ホームにおける苦情解決調査をもとに―」『社会福祉士』（14）日本社会福祉士会：117-123
井上修一（2007b）「特別養護老人ホームの利用者と家族の関係維持・支援プログラム構築に関する研究」『平成一七～一八年度科学研究費補助金（若手研究（B））研究成果報告書』
井上修一（2008）「特別養護老人ホーム入居者家族が抱く迷いへの支援―施設ケアにおける家族支援の新たな展開をめざして―」『社会福祉士』（15）日本社会福祉士会：110-118
井上修一（2010）「特別養護老人ホーム入居者家族が抱く迷いと緩和に関する研究」『大妻女子大学人間関係学部紀要』12：11-20
井上修一（2011）「特別養護老人ホーム入居者家族への支援方法：ＳＴＡＩによる家族会活動の評価」『大妻女子大学人間関係学部紀要』13：109-115
井上修一、金美辰、佐々木宰、関和之（2012）「特別養護老人ホームにおいて本人が終末期を生ききる課題」『大妻女子大学人間関係学部紀要』14：121-128
井上修一（2016）「特別養護老人ホーム入居者家族が抱く罪悪感と家族支援に関する研究」『大妻女子大学人間関

係学部紀要』18：1-12
井上修一（2017）「意思確認が困難な特別養護老人ホーム入居者のストレス把握に関する研究」『大妻女子大学人間関係学部紀要』19：129-135
井上修一、岩﨑弓子、酒井郁子、杉山智子、奥村朱美、大河原啓文、深堀浩樹（2018）「介護付有料老人ホームにおける家族支援の特徴」『大妻女子大学人間関係学部紀要』20：89-99
井上修一（2020）「つながりあう特養家族会」『〈つながり〉の社会福祉』生活書院：197-226
医療経済研究機構（2003）『特別養護老人ホームにおける終末期の医療・介護に関する調査研究報告書』
石井岱三（1997）「特別養護老人ホームにおける看とり」『月刊福祉』80（2）：20-5
石垣和子・長谷川喜代美・松村幸子他（2000）「特別養護老人ホームの入所申請に至る間の護者の思いとサービス利用」『老年看護学』5（1）：115-23
石川博敏（1983）「施設における生活処遇と家族会の役割」『老人福祉』64：75-8
石川雅信（2006）「家族の変化と家族関係」『テキストブック　家族関係学』ミネルヴァ書房：18-35
石川隆行（2010）「児童の罪悪感と学校適応感の関連」『発達心理学研究』（21）2：200-208
岩本テルヨ、山田美幸、加瀬田暢子（2009）「特別養護老人ホーム在所者の最期の場所の決定に関わる現状と課題」『看護栄養学部紀要』2：8-14
井澤玲奈、水野敏子（2009）「特別養護老人ホームにおいて最期を迎える利用者への援助」『東京女子医科大学看護学会誌』4（1）：29-36
Janzen, W.（2001）Long-term care for older adults:The role of the family. *Journal of Gerontological Nursing*, 27（2）：36-43
上子武次（1967）「家族の役割構造」『〔新版〕家族社会学』有斐閣：45-60
亀口憲治（1997）『現代家族への臨床的接近』ミネルヴァ書房
亀口憲治（2002）「コラボレーション」『現代のエスプリ　コラボレーション』至文堂：5-19

神奈川県指導員研究部会（1991）「老人個人と家族と施設そのかかわり」『老人生活研究』：24-47
神奈川県社会福祉協議会（2006）『利用者の声をよりよりサービス提供につなげるために―認知症高齢者グループホーム外部評価　利用者アンケートから見えてきたこと―』神奈川県社会福祉協議会
Kaplan, L. and Girard, J. L.（1994）*Strengthening high-risk families a handbook for practitioners*, community program innovations,inc.（=2001, 小松源助監訳『ソーシャルワーク実践における家族エンパワメント』中央法規：63）
Kellet, U. M.（1998）Meaning-making for family carers in nursing homes ,*International Journal of Nursing Practice* 4：113-9
Kellet, U. M.（1999a）Transition in care:family careres' experience of nursing home placement. *journal of Advanced Nursing*. 29（6）: 1474-81
Kellet, U. M. and Mannion,J.（1999b）Meaning in caring: reconceptualizing the nurse? family carer relationship in community practice, *Journal of Advanced Nursing*, 29（3）: 697-703
健康保険組合連合会（2001）「痴呆症等に関する実態調査報告書」健康保険組合連合会
木下康仁（1997）『ケアと老いの祝福』勁草書房
木下康仁（2003）『グラウンデッド・セオリー・アプローチの実践――質的研究への誘い』弘文堂
木下康仁（2005）『グラウンデッド・セオリー・アプローチ――分野別実践編』弘文堂
岸恵美子（2002a）「性役割意識が介護サービス利用に及ぼす影響」『日本女性心身医学雑誌』7（2）: 226-37
岸恵美子（2002b）「在宅要介護高齢者を介護する家族の不安に関わる要因の分析」『自治医大看護短大紀要』9：1-12
北村育子、石井京子、牧洋子（2010）「特別養護老人ホームで働くワーカーと看護師の終末期ケア行動の分析：両職種の専門性にもとづく協働の可能性」『日本福祉大学社会福祉論集』（122）: 25-39
北野敬子（2004）「家族と施設の対立」『看護学雑誌』65（8）: 470-3

小林美子（1997）「患者家族と看護者の役割」『《現代のエスプリ別冊》看護と介護の人間関係』至文堂：205-13
小林和成（2004）「痴呆性高齢者のグループホーム入所に伴う主介護者の『思い』と『行動』の特徴」『群馬パース学園短期大学紀要』（6）1：29-39
小林良二（2002）「家族介護の政策的位置づけについて」『週刊社会保障』2213：22-5
小林理（2005）「ファミリーソーシャルワークの視座と方法」『よくわかるファミリーソーシャルワーク』ミネルヴァ書房：50-1
小森康永・野村直樹（2003）「ナラティブ・プラクティスに向けて」『現代のエスプリ　ナラティブ・プラクティス』至文堂：5-12
小村一左美（2006）「看護師と家族支援」『老人ケアのなかの家族支援』ミネルヴァ書房：81-101
公益社団法人成年後見センター・リーガルサポート（2014）『病院・施設等における身元保証等に関する実態調査報告書』
高良麻子（2007a）「利用者の家族に対する援助①—施設の役割に関する家族の理解を深めよう—」『おはよう21』5: 68-71
高良麻子（2007b）「利用者の家族に対する援助②—入所者と家族との交流を活性化しよう—」『おはよう21』6：68-71
厚生労働省（2001）「平成一三年 家族と地域の支え合いに関する調査報告書」厚生労働省政策統括官付政策評価官室
厚生労働省（2012）『平成二二年 介護サービス施設・事業所調査結果の概況』
窪田暁子（1994）「精神障害者の社会復帰とクラブハウスモデル」『東洋大学社会学部紀要』32（1）：49-66
黒田憲二（2001）『小児看護』24（9）：1267-71
草柳千早（2004）『「曖昧な生きづらさ」と社会』世界思想社
久崎孝浩（2002）「恥および罪悪感とは何か—その定義、機能、発達とは—」『九州大学心理学研究』3：69-76
Logue, R M.（2003）Maintaining family connectedness in long-term care:An advanced practice approach to

family-centered nursing homes. *Journal of Gerontological Nursing* . 29（6）: 24-31
Maguire, L.（1991）*Social Support Systems in Practice : A Generalist Approach.*, NASW,Inc.（= 1994, 小松源助・稲沢公一訳『対人援助のためのソーシャルサポートシステム』川島書店）
巻田ふき・七田恵子・簱野脩一（1991）「老人を看取った家族の心残りに関する研究」『社会老年学』33 : 48-55
巻田ふき（1992）「高齢者の終末を支える家族と地域の施設」『日本の地域福祉』6 : 77-98
松岡治子・川俣香織・井上ふじ子他（2004）「精神障害者の家族支援に関する研究（Ⅰ）―家族のための心理教育に対する迷いと期待―」『群馬保健学紀要』（25）: 165-174
三菱総合研究所（2007）『特別養護老人ホームにおける看取り介護ガイドライン』
森一彦（1999）「知覚障害者の探索行動における情報入手と迷いに関する考察」『日本生理人類学会誌』4（4）: 23-26
森岡清美（1987）「家族機能の変化」『新しい家族社会学』培風館 : 169-178
松村育朗（1979）「老人ホームにおける家族会」『老人福祉』（56）: 30-6
White, M. and Epston, D.（1990）*Narrative Means to Therapeutic Ends.*, W W Norton & Co Inc.（=1992, 小森康永訳『物語としての家族』金剛出版）
水上脩（1997）「施設への入所と高齢者の心理」『老人の心理と援助』メヂカルフレンド社 : 146-65
峯田幸悦（2004）「県規模の連絡協議会組織　利用者の代弁役に」『済世』80（2）: 8-11
箕岡真子（2012）「日本における終末期ケア〝看取り〟の問題点」『長寿社会グローバル・インフォメーションジャーナル』17 : 9
三井さよ（2007）「職業者として寄り添う――病院内看護職と末期患者やその家族とのかかわり」『ケアとサポートの社会学』法政大学出版会 : 149-81
三宅貴夫（2002）「老人福祉施設における心理的ケアの実態と問題点」『老年精神医学雑誌』13（12）: 1405-11
宮本美佐（2003）「痴呆入所者の家族と施設職員の交流」『日本看護学会誌』: 3-42
三好春樹（1997）『関係障害論』雲母書房

水島隆（2007）「運営推進会議と家族のかかわり」『ふれあいケア』13（5）：20-2
望月嵩（2001）「現代家族観を問う」『月刊福祉』84（11）：14-9
波平恵美子（1990）『病と死の文化』朝日選書
南雲英子（2006）「再び明るい母に」『ユニットケアはいかにして創られてきたか』中央法規：255-7
中河信俊（1990）「クレイム申し立ての社会学—構築主義の社会問題論の構成と展開（下）」『富山大学教養学部紀要』23（2）：49-79
中山陽子（2006）「あらためてボランティアとして」『ユニットケアはいかにして創られてきたか』中央法規：255-6
奈良高志（2000）「介護サービス分野の苦情と契約」『介護保険の苦情対応』東京法令出版：2-7
根本秀美（2012）「特別養護老人ホームの終末期介護—2施設の実態調査から看取りをめざして—」『信州短期大学紀要』（23）：16-25
日本老年医学会（2012）「立場表明 2012」
野田陽子（1992）「家族のライフサイクルと家族問題」『教養の家族社会学』学文社：132-57
野口祐二（2003）「社会学とナラティブ・プラクティス」『現代のエスプリ　ナラティブ・プラクティス』至文堂：13-21
野村京平、宮原伸二、人見裕江、進藤貴子、清田玲子他（1998）「特別養護老人ホームにおける死についての検討（第2報）—全国の特別養護老人ホームにおける実態調査から—」『川崎医療福祉学会誌』（8）1：165-170
岡原正幸（1990）「制度としての愛情——脱家族とは」『生の技法』藤原書店：75-100
岡堂哲雄（1997）「人と人の結びつき」『《現代のエスプリ別冊》看護と介護の人間関係』至文堂：13-21
岡野八代（2004）「家族の両義性」『現代思想』32（10）：124-30
大村洋永（2006）「至誠キートスホーム6年間の実践を振り返って」『ユニットケアはいかにして創られてきたか』中央法規：263-6
小笠原祐次（1999）『生活の場としての老人ホーム』中央法規

小笠原祐次監修（2000）『介護保険の苦情対応』東京法令出版

奥山朝子、大高麻衣子、河部チヨ、東海林仁志（2009）「低体重出生児で出生した脳性まひの小児を持つ母親の受容過程と求めるサポート」『日本赤十字秋田看護大学・日本赤十字秋田短期大学紀要』（14）：43-51

小野寺道子・高田珠恵・永田久美子（2007）「今、なぜ家族と歩むケアが求められているのか」『ふれあいケア』13（5）：10-5

小野良子・木村和子・塚本直枝（2004）「家族とかかわるポイント」『ケアマネジャー』6（12）：26-9

大西次郎（2007）「特別養護老人ホームにおける福祉と医療：その協働の変遷と課題」『武庫川女子大学紀要（人文・社会科学）』55：61-77

Pillemer, K., and Hegeman, C. R., and Albright, B., and Henderson, C.（1998）Building bridges between families and nursing home staff: the Partners in Caregiving Program. *Gerontologist*, 38（4）: 499-503

Pillemer, K., and Suitor, J. J., and Henderson, C. R. Jr., and Meador, R., and Schultz, L., and Robison, J., and Hegeman, C,.（2003）A cooperative communication intervention for nursing home staff and family members of residents. *Gerontologist*, 43（2）: 96-106

Richmond, M. E.（1917）*Social Diagnosis*, New York : Russell Sage Foundation: 134

老施協総研（2002）「全国老人ホーム基礎調査報告書」全国老人福祉施設協議会

Ross, M. M., and Carswell, A., and Dalziel, W.B.（2001）Family caregiving in long-term care facilities, *Clinical Nursing Research* ,10（4）: 347-63

Ryan, A. A.（2000a）Family and staff perceptions of the role of families in nursing homes, *Journal of Advanced Nursing*, 32（3）: 626-34

Ryan, A. A.（2000b）Nursing home placement : an exploration of the experiences of family carers. *Journal of Advanced Nursing*., 32（5）: 1187-95

戈木クレイグヒル滋子（2001）「迷いの共有：治療決定のための医師と両親の共同作業」『日本保健医療行動科学会年報』16：152-69
戈木クレイグヒル滋子編（2005）『質的研究方法ゼミナール』医学書院
齋藤俊（2007）「家族とのかかわりの主体が変わった」『おはよう21』210：15
坂上香（2004）「コミュニティ・オブ・チョイス」『現代思想』32（10）：116-23
流石ゆり子、伊藤康児（2008）「終末期を介護老人福祉施設で暮らす後期高齢者の気がかり・心配」『山梨県立大学看護学部紀要』10：27-35
流石ゆり子、伊藤康児（2007）「終末期を介護老人福祉施設で暮らす後期高齢者のＱＯＬとその関連要因」『老年看護学』12（1）：87-93
流石ゆり子、伊藤康児（2008）「終末期を介護老人福祉施設で暮らす後期高齢者の気がかり・心配」『山梨県立大学看護学部紀要』10：27-35
佐藤宏子（2000）「農村の中高年有配偶女性における主観的家族関係の追跡研究」『老年社会科学』22（3）：343-56
櫻井紀子（1994）「家族支援と施設ケアⅡ」『ロングタームケア』中央法規：159-76
三本松政之（2000）「高齢者と居場所」『現代のエスプリ別冊　現代人の居場所』至文堂：193-203
佐藤豊道（2001）『ジェネラリスト・ソーシャルワーク研究』川島書店
笹谷春美、王海燕（2001）「家族介護と施設介護の連携に関する研究」『高齢者問題研究』17：87-105
関ふ佐子（2000）「アメリカの高齢者ケアにおける社会保障と家族」『社会保障法』15：104-17
至誠ホーム出版会編（2006）『ユニットケアはいかにして創られてきたか』中央法規
進藤雄三（1990）『医療の社会学』世界思想社
庄司洋子（1998）「政策単位の個人化という課題」『家族学のみかた AERAMook』朝日新聞社：34-5
庄司洋子（2006）「両親の『ついのすみか』に」『ユニットケアはいかにして創られてきたか』中央法規：260-1
椎名乾平（2005）「コンフリクト、迷いと意思決定」『知能と情報（日本知能情報ファジイ学会誌）』17（6）：672-678

島田広美・天谷真奈美・星野純子他（2002）「痴呆性高齢者を介護する主介護者の入所サービスの利用に対する思い」『老年看護』33：196-199
島村俊夫（1979）「老人と家族に関する一考察――特別養護老人ホームにおける入園前後の家族状況調査より」『老人福祉』（55）：48-56
袖井孝子（2004）「家族の本質的機能とその衰退」『月刊福祉』87（9）：12-5
副田あけみ（2004）「要介護問題と高齢者虐待」『月刊福祉』87（9）：40-3
副田義也（1987）「老人福祉の構造原理」『老いの発見5　老いと社会システム』岩波書店：55-74
副田義也（1992）「老人福祉は利用者の家族をどうあつかっているか」『家族に侵入する社会』岩波書店：62-83
副田義也（2000）「現代家族論の基本的視角」『現代家族と家族政策』ミネルヴァ書房：31-62
園田恭一（2003）『社会福祉とコミュニティ』東信堂
末松美保子・原幸次・中山文夫（2004）「家族の存在が与える主観的幸福度への影響」『医療経営最前線』（184）：42-5
菅谷よし子（1985）「世代間ギャップと世代間関係分析――ベッグソンの場合」『ライフコースと世代』垣内出版：200-37
杉本浩章、近藤克則（2006）「特別養護老人ホームにおける終末期ケアの現状と課題」『社会福祉学』46（3）：63-74
杉澤秀博・横山博子・高橋正人（1992）「特別養護老人ホーム入所者の家族のメンタルヘルスに関する研究」『社会老年学』35：10-8
杉澤秀博・横山博子・高橋正人（1993）「特別養護老人ホーム入所者への家族による援助に関する研究」『老年社会科学』15（1）：47-56
鈴木信男（1996）「特別養護老人ホームでの家族への対応に関する基礎的研究」『ふれあいケア』2（5）：40-2
鈴木孝子（1999）『社会的構成アプローチと家族援助』川島書店
鈴木孝子（2002）「グループインタビューによる家族支援ニーズ調査」『埼玉県立大学紀要』4（103）：103-9
高橋重宏（2001）「家庭における子育てと社会的支援との関係考察～ファミリーソーシャルワークの視点から～」

『月刊福祉』84（11）：20-3
高橋好美（2004）「利用者・家族と共に開催―〝たまがわ〟におけるケアカンファレンス」『ふれあいケア』10（4）：9-11
田宮菜奈子（2000）「要介護老人を抱える家族の老人ケアの場所への意思決定過程―家族面接にみるスティグマ・葛藤の実態―」『健康文化研究助成論文集』6：82-8
樽川典子（2000）「医療と癒しの現代的課題：患者家族の医療体験とケア」『現代家族と家族政策』ミネルヴァ書房：119-40
立岩真也（2000）「過剰と空白：世話することを巡る言説について」『現代家族と家族政策』ミネルヴァ書房：63-86
時田純（2004）「病院とは違う家庭をモデルとした看取り」『月刊ケアマネジメント』15（8）：10-3
徳永幸子（1983）「入居老人と家族について想う事」『老人福祉』（64）：58
特定非営利活動法人全国痴呆性高齢者グループホーム協会（2004）「痴呆性高齢者グループホームの良質な運営に向けた環境整備支援事業　報告書」全国痴呆性高齢者グループホーム協会
東京都国民保険団体連合会（2005）『東京都における介護サービスの苦情相談白書平成一六年度』東京都国民保険団体連合会
東京都国民保険団体連合会（2012）『東京都における介護サービスの苦情相談白書平成二四年度』東京都国民保険団体連合会
東京都国民保険団体連合会（2017）『東京都における介護サービスの苦情相談白書平成二九年度』東京都国民保険団体連合会
東京都高齢者施策推進室（2000）「高齢者福祉施設サービス点検調整システム検討委員会最終報告書」東京都
坪山孝（1994）「家族支援と施設ケア」『ロングタームケア』中央法規：141-76
筒井孝子（2001）『介護サービス論』有斐閣
上野千鶴子編（2001）『構築主義とは何か』勁草書房

上野千鶴子（2005）『老いる準備』学陽書房
和気純子（1998）『高齢者を介護する家族――エンパワメントアプローチの展開にむけて』川島書店
碓井真理子（2004a）「『安らかな看取り』を実践して特別養護老人ホームでのターミナルケア（上）」『ゆたかなくらし』263：14-9
碓井真理子（2004b）「『安らかな看取り』を実践して特別養護老人ホームでのターミナルケア（下）」『ゆたかなくらし』264：48-51
鷲田清一（2003）『老いの空白』弘文堂
Wood, E.,Karp, N.（1994）Mediation: reframing care conflicts in nursing homes, *Generations*. 18（4）：54-7
山田昌弘（1999）『家族のリストラクチャリング』新曜社
山本亮、大谷弘行、福田かおり、松尾直樹、新城拓也他（2012）「看取りの時期が近づいた患者の家族への説明に用いる『看取りのパンフレット』の有用性：多施設研究」『Palliative Care Research』7（2）：192-201
山根常男（1998）『家族と社会』家政教育社
山下芳樹（2004）「発足1年、年4回の総会　家族の本音が聞こえるようになった」『済世』80（2）：4-6
山崎美貴子（2003）「社会福祉と家族」『社会福祉研究』（88）：34-40
山崎照世・神田富美子・池澤喜美子（1998）「肢体不自由児施設における看護に対する家族の満足度」『看護管理』：241-3
柳原清子（2000）「家族のリアリティ」『看護学雑誌』64（6）：505-11
安永道生（2003）「在宅復帰と家族ケア」『月刊総合ケア』13（1）：86-9
吉岡光雅（1992a）「家族の内部構造」『教養の家族社会学』学文社：65-95
吉岡光雅（1992b）「親族ネットワーク」『教養の家族社会学』学文社：116-31

初出一覧

本書の一部について、原文となった論考は下記のものである。

第1章　書き下ろし

第2章

（2008）「特別養護老人ホーム入居者家族が抱く迷いへの支援—施設ケアにおける家族支援の新たな展開をめざして—」『社会福祉士』（15）日本社会福祉士会：110-118

第3章

（2005）「岐阜県内の特別養護老人ホームにおける苦情解決制度の現状と課題」『中部学院大学・中部学院大学短期大学部研究紀要』（6）：179-185

（2006）「苦情表明行動にみる特別養護老人ホームの利用者家族の姿—迷いを抱えやすい利用者家族とその支援に向けて—」『社会福祉士』（13）日本社会福祉士会：71-76

第4章

（2016）「特別養護老人ホーム入居者家族が抱く罪悪感と家族支援に関する研究」『大妻女子大学人間関係学部紀要』18：1-12

第5章

（2004）『特別養護老人ホームにおける権利擁護活動の実態と効果に関する研究』平成15～16年度科学研究費補助

金（若手研究（B）2）研究成果報告書
(2007a)「家族役割をめぐる入居者家族と援助者の意識のずれ―A県の特別養護老人ホームにおける苦情解決調査をもとに―」『社会福祉士』(14) 日本社会福祉士会：117-123

第6章

(2006)「岐阜県内の特別養護老人ホームにおける苦情解決制度の現状と課題2―苦情表明行動にみる利用者家族の姿とその支援―」『中部学院大学・中部学院大学短期大学部研究紀要』(7)：113-126
(2007b)「特別養護老人ホームの利用者と家族の関係維持・支援プログラム構築に関する研究」『平成17～18年度科学研究費補助金（若手研究（B））研究成果報告書』

第7章

(2010)「特別養護老人ホーム入居者家族が抱く迷いと緩和に関する研究」『大妻女子大学人間関係学部紀要』12：11-20
(2011)「特別養護老人ホーム入居者家族への支援方法：STAIによる家族会活動の評価」『大妻女子大学人間関係学部紀要』13：109-115

用語索引

人名索引

本書のテキストデータを提供いたします

本書をご購入いただいた方のうち、視覚障害、肢体不自由などの理由で書字へのアクセスが困難な方に本書のテキストデータを提供いたします。希望される方は、以下の方法にしたがってお申し込みください。

◎データの提供形式＝CD-R、フロッピーディスク、メールによるファイル添付（メールアドレスをお知らせください）。

◎データの提供形式・お名前・ご住所を明記した用紙、返信用封筒、下の引換券（コピー不可）および200円切手（メールによるファイル添付をご希望の場合不要）を同封のうえ弊社までお送りください。

●本書内容の複製は点訳・音訳データなど視覚障害の方のための利用に限り認めます。内容の改変や流用、転載、その他営利を目的とした利用はお断りします。

◎あて先
〒160-0008
東京都新宿区四谷三栄町6-5 木原ビル303
生活書院編集部　テキストデータ係

キリトリ線

【引換券】
特養入居者家族が抱く
迷いと家族支援

著者紹介

井上修一（いのうえ　しゅういち）

1972 年生まれ
2008 年、東洋大学大学院社会学研究科社会福祉学専攻博士後期過程修了
博士（社会福祉学）・社会福祉士
現在、大妻女子大学人間関係学部准教授

主著
『社会福祉とコミュニティ』（共著）東信堂、2003 年
『郊外社会の分断と再編』（共著）晃洋書房、2018 年
『〈つながり〉の社会福祉』（共著）生活書院、2020 年

特養入居者家族が抱く迷いと家族支援

——施設ケアはいかにして家族を結びなおすことができるか

発　行———— 2020 年 12 月 12 日　初版第 1 刷発行
著　者———— 井上修一
発行者———— 髙橋　淳
発行所———— 株式会社　生活書院
〒 160-0008
東京都新宿区四谷三栄町 6-5 木原ビル 303
ＴＥＬ 03-3226-1203
ＦＡＸ 03-3226-1204
振替 00170-0-649766
http://www.seikatsushoin.com
印刷・製本—— 株式会社シナノ

Printed in Japan

ISBN 978-4-86500-123-5

定価はカバーに表示してあります。
乱丁・落丁本はお取り替えいたします。